MHL

メンタルヘルス・ライブラリー　**36**

地域包括ケアから社会変革への道程
ソーシャルワーカーによるソーシャルアクションの実践形態
【理論編】

●中島康晴　著

批評社

＊装幀──臼井新太郎

はじめに

　始めからソーシャルワーカーになりたかったわけではなかった。つきたかった職業はジャーナリストだった。100人いれば100通りの「普通」や「常識」があるにもかかわらず、それがまるで一つしかないかの如く錯覚が特に日本にはある。しかし、たとえ、それが「錯覚」とわかっていても、「普通じゃない」との指摘を受けると日本人は委縮してしまう。正直、怖いことだと思う。そうやって日本は、過ちを繰り返してきたし、そして、大きく「国益」を損ねてきた。一部の人びとからみた「普通」や「常識」に、多くの人たちが搦め捕られていく。しかも、深長で広範な情報をもとに、みんなで議論して決めた「普通」や「常識」ではないからこそ、これは大変恐ろしく、不幸なことだと私は思う。

　でも一番の問題は、この「普通」や「常識」によって苦しめられている人たちがいるということだ。生きづらさを感じ、自ら命を絶つほどの絶望のある「人びと」がいるという事実にある。ジャーナリストの仕事は、この絶望の淵にその身を置かされた「人びと」の視点から社会を捉え、そして、より多くの人びとにそれを伝えることにある。多くの人が無意識に受け入れている「普通」や「常識」とは、異なる幾つもの〈普通〉や〈常識〉があることを世に知らしめる。このことを通じて、「普通」や「常識」に揺さぶりをかけながら、それが少なくとも一つの見方でしかないということを多くの人たちに伝えることで、「普通」や「常識」の権威を希釈し、色んな〈普通〉や〈常識〉があっていいことを市井に敷衍するのである。

　本書を読んでもらえれば気づくであろう。実は、ジャーナリストとソー

シャルワーカーの視座はほぼ同一であるといえる。ソーシャルワーカーの支援を必要とする「人びと」は、ジャーナリストが着眼すべき「人びと」と同様に、社会から黙殺され排除されている「人びと」を指す。その意味において、ソーシャルワーカーにも、多くの人びとが信じて疑わない「普通」や「常識」と対峙することが、ジャーナリスト同様に求められてくる。両者が異なるのはその実践のあり方にある。ジャーナリストは、広い分野から事実を捉え、そして、広範囲に情報を発信する（この世に客観的な事実などないことを鑑みれば、この情報はジャーナリストの主観に依拠している）。しかし、それは重要だが、ジャーナリストが直接介入する範疇にはそれ以上の展開はない。他方、ソーシャルワーカーは、「人びと」に対する支援を通して、集団のあり方を変え、地域を変容し、その堆積の先に社会を変革することに関与する。ジャーナリストに比べ、影響の範囲は狭いかもしれないが、社会を変革するところにまで、実践の射程をおいている点がソーシャルワーカーの第一義的な魅力だと私は思っている。だからこそ、私は、いまソーシャルワーカーの仕事をしているのだ。

　しかし、残念なことに、上記のようなジャーナリストもソーシャルワーカーも、現代社会においては、かなりのガラパゴス化が進んでいる。私が人生を変えるほどの影響を受けたジャーナリストたちの後輩は、ことごとく、「普通」や「常識」に屈服した。もはや、ジャーナリズムが凋落し、経済の効率性が優先化された情報産業への道をひた走っているようだ。ソーシャルワークも同様だ。上記のような志のあるソーシャルワーカーは正直多くはない。しかし、私たちは、諦めてはならない。いや、諦めるわけにはいかない。なぜならば、現に、私たちが構成しているこの社会構造のもと、排除され、抑圧されている人びとが確然として存在するからだ。彼らを傍目でとらえ、それを仕方ないことだと諦めることができるだろうか。この様な他者の困難は看過できないし、また、我慢してはならないのだ。

　ここに、本書を書くことを駆り立てさせた私の原点がある。この社会から排他・排斥された「人びと」に希望を与えられる人がソーシャルワーカ

ーであって欲しい。「人びと」の痛みや困難を我慢できない人がソーシャルワーカーであるべきだ。私の立ち位置はいつもここにある。実践家としての私は、そして、社会的企業の経営者という側面も有する私は、その時々に、冷静で冷淡な判断を下さざるを得ない場面がある。それは、自らが強く揺さぶられるジレンマであり苦悩である。そんな私だが、私の真の基点はいつもここにある。

ジャーナリズムやソーシャルワークが伸張しない社会は危険である。なぜならば、それは、社会から排除されている人びとに、誰も救いの手を差し伸べることができない社会だからだ。そんな社会の危機にあって、ジャーナリズムもソーシャルワークも今重大な岐路に立っている。その覚悟をもって本書をしたためた。

もちろん、私たちがまず直面し、なすべきことは、社会から度外視され排除されている「人びと」の権利擁護にある。しかし、この実践の先には、「人びと」を排除してきた人びとを含めたすべての人間の尊厳保障が待っている。なぜならば、私たちは、「他の人の存在を禁じながら、自分だけが本当の意味で存在することはできない[*1]」し、「他人を不自由にして、自分が自由になれることなどけっしてありえない[*2]」からだ。つまり、この社会構造のもとでは、「排除する側」の人びとも、いつかどこかで「排除される側」に位置付けられる。そんな脆弱な社会との決別を志向しなければ、全ての人間の尊厳は保障されない。

私たちの生き方は、常に誰かの暮らしと隣り合わせにある。誰かの絶望はやがて誰かの悲しみへ、誰かの喜びは誰かの希望へと、誰かの憎しみは誰かの怒りへと繋がっている。そのことを念頭に置いた社会変革をソーシャルワークは志向しなければならない。それは、排除してきた誰かを、押し戻して、逆に排除していく、この様な負の連鎖を連続させる社会変革で

＊1　パウロ＝フレイレ（2011）『新訳　被抑圧者の教育学』（三砂ちづる訳）P.113亜紀書房
＊2　鎌田 慧（1992）『ぼくが世の中に学んだこと』PP.215-216筑摩書房

は断じてない。それは、排除されている人びとを社会に包摂していく、全ての人間の尊厳へと帰結するあるべき社会の接近へと向いている。つまり、これは人間の尊厳を守るための挑戦であり実践だ。

　この最も勇気と信念を必要とするソーシャルワークに力を与え、またその促進のために一石を投じる思いで今これを書いている。ソーシャルワークのこれからの展望が、人間の希望になるために。

凡例

■ 本書は、一つのテーマに対して、『理論編』と『実践編』について描いたもののうち『理論編』を綴じたものである。よって、『実践編』は別本となっているが、テーマの性質上、双方手に取って頂くことをお勧めする。しかしながら、それぞれの関心に応じて何れかを選択することも可能である。
■ 社会福祉領域において、「利用者」「クライエント」「当事者」などと呼称されている人びとのことを「人びと」と表記することにする。その理由としては、これらの呼び方が、選別主義に依拠していることに加え、専門職の「人びと」に対するパターナリズムや専門職の権威主義にも連なっていると認識しているからである。ここでは、選別主義ではなく、普遍主義に準拠して「人びと」ととらえる事由について若干触れておく。現在社会福祉従事者は概ね400万人、2025年には約500万人に到達する。[*1]そのサービスを利用する人たちは、1000万人以上、[*2]その家族は推計1490万人以上、[*3]これに加え、現時点では不要であっても、やがてこのサービスを必要とする人びともいる。この様に考えれば、社会福祉サービスに従事する者と「人びと」の家族を含め、サービスを必要とする「人びと」は、何ら特別な人たちではなく、全ての人びとが必然的にそこに連関するとの認識が不可欠だ。つまり、社会福祉の領域は、一切の人びとが

---

*1 まず、福祉・介護サービスに従事する者は、2005年現在で約328万人（「社会福祉事業に従事する者の確保を図るための措置に関する基本的な指針」〈2007年8月28日厚生労働省告示第289号〉）。この328万人に、医療・行政機関の従事者が含まれているのか不明。加えて、介護保険制度の施行後、介護職員数は増加し、10年間で倍以上となっているが、2025年には、介護職員はさらに1.5倍以上（約100万人）必要と推計されている（2010年度133.4万人 ⇒ 2025年度237〜249万人）（「介護人材の確保関係」社会保障審議会 介護保険部会（第45回）2013年6月6日）。

*2 福祉施設・事業者利用者420万人以上（「平成27年社会福祉施設等調査の概況」から算出）、介護保険事業利用者約563万人（「介護保険事業状況報告の概要〈平成28年9月暫定版〉」より算出）を合わせると983万人以上ということになる。また、この数字には、児童相談所や福祉事務所等の行政サービスや、医療・教育・司法分野における社会福祉サービスを必要としている人びとは含まれていない。

*3 単純に平均世帯人員（2.49〈「平成27年　国民生活基礎調査の概況」〉）を乗じた人数を使用した。

当事者性を含意して取り組むべき領域といえる。ただし、カギ括弧を付けて「人びと」と表記するのは、表現の方法として、文脈によっては、全ての人びとと分けて用いる必要があることによる。
- 昨今「福祉」という表記が数多みられるが、本書では、なるべく「社会福祉」という表現を用いる。理由は、「社会」という認識が極めて重要な時代にあると観取しているからである。
- 「介護」と「福祉」を分けて記載することなく、「社会福祉」と表現する。文脈によっては、「介護を含む社会福祉」といった表記となる。例えば、「福祉・介護人材確保対策」などという表記が多々見受けられるが、「福祉」から「介護」を離して議論する理由が私には理解できない。「介護」は、明らかに「社会福祉」のなかの一領域であるので、敢えて、このことの共通理解を促すためにも、「社会福祉」と表現しておく。
- 「生活」をなるべく「暮らし」と表現する。「生活」という言葉には、「生きる活動」や「生計を立てる」などの「活動を前提」としていることや経済的側面が色濃く含意されている。生産性・効率性や活動の有無にかかわらず、人間の存在保障の観点からは、この「生活」よりも「暮らし」の方が言葉として相応しいと判じてのことだ。
- 「開く」と「拓く」の双方の意味を併せ持つという意で「ひらく」と表記する。
- 「地域包括ケア」を、「地域ケア」「コミュニティケア」と同義語として用いることにする。それは、混乱を極力避けるためであり、各々の定義を鑑みても、そう表現して差し支えないと判断するからだ。

地域包括ケアから社会変革への道程
ソーシャルワーカーによるソーシャルアクションの実践形態【理論編】

MHL 36

目次

index

はじめに ——————————————————————3

凡例 ——————7

第一章
ソーシャルワークと社会変革
――新自由主義に対抗するソーシャルワークの潜在力
———————————————————————12

- ●人間の尊厳と新自由主義　12
- ●ソーシャルワークの特有性と可能性　21
- ●ソーシャルワークが新自由主義に加担する危険
　――社会福祉基礎構造改革を問い質す　26
- ●社会構造を「人びと」の視座から捉える
　――ソーシャルワークにおける社会変革の勘所　54
- ●国境と民族の境界を超えて社会を捉える　75
- ●時代を超えて社会を捉える
　――持続可能な社会構築への貢献　80
- ●本書で社会変革を取り上げる理由　83
- ●社会変革と地域包摂
　――本書で取り上げるソーシャルアクションの実践形態　86
- ●地域包括ケアから地域変革へ
　――従来の地域包括ケアに欠けていた「まちづくり」と「住民参加」　102
- ●私たちはいつから「経済学者」になったのか
　――ソーシャルワークの価値に依拠した理論と実践を貫徹せよ！　107

第二章
「暮らしたい場所で暮らし続ける自由を守る」
――新自由主義における「自由」の実相 ――111

- ●暮らしたい場所で暮らし続ける自由を阻害するもの 111
- ●暮らし方の自由を守るための実践 122
- ●新自由主義における「自由」の実相 130

第三章
ソーシャルワークからみる地域包括ケア
――133

- ●人間の尊厳保障に資する地域包括ケア
 ――「本人の望む場所で、本人の望む暮らしを」志向する 133
- ●地域発の地域包括ケアの実践
 ――実践から理論をつくる 138
- ●公的責任の逃避としての地域包括ケア
 ――自助・互助・共助・公助における序列化の弊害 145
- ●Integrated care から Inclusive care へ
 ――多職種連携から地域包摂へ 167
- ●ソーシャルワークの位置づけがなされていないことの弊害
 ――ケアマネジメントとソーシャルワーク 173
- ●地域に「ひらく」ことによって進展する共生ケア
 ――「我が事・丸ごと」の可能性と危険性 183
- ●地域包摂・地域変革に資する地域包括ケア 192

あとがき
――195

第一章
ソーシャルワークと社会変革
●新自由主義に対抗するソーシャルワークの潜在力

● 人間の尊厳と新自由主義

人間を機能化する新自由主義

　現下の社会は、「産業化社会」から「成熟化社会」への過渡期にあると言われて久しい[*1]。一方で、私たちの現実的な暮らしをかえりみれば、この「過渡期」が一体いつまで続き、その後どのような「成熟化」した社会が訪れるのかその道筋が見えているとはいい難い。

　1970年代後半より（日本で顕著に現れたのは1990年代後半から）世界で台頭してきた新自由主義の蔓延によって、私たちの社会では、再び「階級化」が起こり、格差社会が生まれ、社会的不平等の拡大が顕著である。「一部の人びと」に富と権力が集中する一方で、人びとの暮らしに不可欠な社会保障を中心とした制度・政策の機能は減退の一途を辿っている。新自由主義に関する議論では、この「一部の人びと」とは1％の人間を指すのだが、これは新自由主義批判にかかる運動のあり方として有効であるばかりか、現在の実態を如実に示した数字であると言える[*2]。付言すれば、人間の懸隔のみならず、企業による格差はさらに著しい。東京証券取引所の第一部上場企業は約1900社であり、この数は、日本全体の企業約400万社の

---

*1　広井良典（1999）『日本の社会保障』岩波新書
*2　スーザン＝ジョージ（2014）『金持ちが確実に世界を支配する方法　1％による1％のための勝利戦略』（荒井雅子訳）PP.150-151 岩波書店

0.05％に満たないと言われている。つまり、巷間でもてはやされている「アベノミクス」による成果たるや、この0.05％企業の利益とその株価が上昇したに過ぎないのである。

　特に、社会保障は、人びとの「生きること」を支える根源であるにもかかわらず、日本においても、「国民負担率」という言葉にあるように、経済成長のまさに"足かせ"としての認識が根強い。しかし、広井良典のいうように、社会保障には、経済成長の原動力となることや相乗効果をもつ側面が認められている。また、金子勝も、「社会保障や社会福祉は、公共事業よりも雇用創出効果が大きい」ため、「社会保障費の削減で財政再建をしようとする現行の政策の方向転換を図るべき」としている。更に権丈善一も、社会保障には、「経済安定化機能」があり、景気変動の緩和と経済成長を支えていく機能があるとしている。

　また、少し異なる切り口で、かつ、根源的に反論するならば、権利擁護と多様性尊重の観点からは、経済の効率性という指標だけでもって人びとの暮らしのあり方を規定することにこそ問題があると言わざるを得ない。財政学者の井手英策も以下のように論じている。

「私たちが忘れかけていること――それは、人間とはさまざまな価値から成り立つ『総合的』な存在であり、経済的な豊かさやそれにささえられた社会の評価は、人間のごく一部分しか表現していないということである。社会とは単なる人間の集まりではない。多様な価値で彩られた人間が、互いに共通の理解を育みながら、ともに何かを実現してはじめて、社会は生まれる」。

＊3　植草一秀「数字で見る日本経済の悪化」『週刊金曜日』P.12　2016年7月1日（1094号）
＊4　広井良典（1999）『日本の社会保障』PP.24-29岩波新書
＊5　金子勝（2015）『資本主義の克服 「共有論」で社会を変える』PP.30-31集英社新書
＊6　権丈善一（2016）『ちょっと気になる社会保障』P.99勁草書房
＊7　井手英策（2015）『経済の時代の終焉』P.1岩波書店

上記は、まさに、人間の全体性と総合性に着眼するソーシャルワークの基盤と整合する考え方であり、それを経済学の研究者が唱えているところに感慨深さがある。

　また、本書では、主に取り扱う領域が社会福祉となるため、社会保障のあり方についても言及していくが、ソーシャルワークの観点からは、社会保障のみならず教育も重要な分野となる。よって、本書で示す社会保障には、文脈にもよるが、教育が含まれていることを踏まえつつ読み進めてもらいたい。

　加えて、新自由主義は、自然環境破壊と技術革新、労働力を中心とした「あらゆるものの商品化」を進捗させ、自己責任論を強調し、人びとの共同性や連帯意識をも毀損してきた。そこで、「秩序」と「道徳」の回復としての新保守主義が浮上してくる。この新自由主義と新保守主義が相互補完を果たした帰結として、階級権力の回復や軍事化、ナショナリズムが蔓延している。

　以上のように、人びとの自由を希求するはずの新自由主義は、実は、権力の復興と創出を背景とした「一部の人びと」にとっての自由は大いに保障するが、大多数の人びとからは自由を明らかにはく奪している。まさに、「少数者の自由のために、大衆の自由は制限される」ことへと帰結する（このことは、さらに、幾つかの例を示し二章で説明する）[*8]。そもそも、私たちが同じ社会を構成している以上、誰かを不自由にして自らが自由になれることなどあり得ない。この意味において、正確には、新自由主義は全ての人間の自由を毀損しているといえるだろう。

「生産性」と「効率性」が意図するもの

　また、新自由主義は生産性と効率性を重んじるが、領域によっては、新

---

*8　デヴィッド＝ハーヴェイ（2007）『新自由主義　その歴史的展開と現在』（渡辺治監訳）P.101 作品社

自由主義が非生産性と非効率性を招くこともある。巷を賑やかしている図書館の民間委託に象徴される指定管理者制度などはその代表的な例であろう。トニー＝ジャットによる以下の指摘は大変わかりやすく示唆に富んでいる。

「私たちが眺めているのは、公的責任を次つぎと民間セクターに移してしまって、集合体としての利益が定かでなくなっている光景です。経済理論や通俗神話とはうらはらに、民営化は非効率的なのです。政府が民間セクターに渡すのが適切と判断した事業の大部分は、赤字経営でした。鉄道会社であれ、炭鉱であれ、郵便事業であれ、エネルギー事業であれ、その供給と維持に要する費用は、望みうる収入を上回っていたのです。正にこの理由によって、そうした公共財は、そもそも法外な値引きなしでは民間の買い手に魅力などなかったのです。しかし国家が安く売れば、損をするのは国民全体です。（中略）イギリスの民営化に関する最良の研究の結論によれば、民営化それ自体は経済の長期的成長のゆるやかな刺激となっていることは確実だが、一方では富を、納税者や消費者から民営化された新会社の株式所有者へと、逆累進的に再分配しているのです。民間投資家が、明らかに非効率的な公共財を喜んで買う理由は、彼らが負うべきリスクを国家が除去、あるいは軽減してくれるからです」[9]。

そもそも私たちの暮らしは、生産性と効率性でのみ成り立つものではない。であればこそ、人びとの暮らしに直接影響を与える分野に、経済の論理を導入すること自体が既に大きな過ちを犯していることになる。防災・環境・芸術・教育・文化・医療・社会福祉などの分野では、むしろ、生産性と効率性を追求することによって質の低下が生じる恐れすらある。なぜならば、これらの領域で共通して求められていることは、個別性や地域性

---

[9] トニー＝ジャット（2010）『荒廃する世界のなかで　これからの「社会民主主義」を語ろう』（森本醇訳）PP.127-129 みすず書房

といった多様性の尊重なのであり、生産性と効率性の帰結としての画一性とは明らかに相反する関係にあるからだ。

しかし、現実には、社会福祉の分野においても、この生産性と効率性が色濃く反映された状況にある。それもそのはず、「新自由主義（いわゆる市場万能主義）は、ある技術的基礎のもとでフロンティアが減少すると、本来的に市場になじまない領域（教育、社会福祉から軍隊まで）にも『市場』を持ち込もうとする」からだ。[*10]

早川浩士によれば、「効率的という表現が介護保険に登場したのは、社会保障審議会介護保険部会によって取りまとめられた『介護保険制度の見直しに関する意見（2004年7月30日）』にて記された『見直しの基本的視点』から」である。早川は、そこで象徴的な3つの項目を列挙している。「一、制度の『持続可能性』→給付の効率化・重点化　二、『明るく活力ある超高齢社会』の構築→予防重視型システムへの転換　三、社会保障の総合化→効率的かつ効果的な社会保障制度体系へ」[*11]。

これらが、経済の論理を社会福祉領域に取り込んだ象徴とも言うべき特質であり、その前提に社会保障費の抑制があることは言うまでもあるまい。もちろん、現在においては政府がその路線を諦観している、いや、むしろサービスの対象から排除に転じている、「予防重視型システム」についても、これを強化することでサービス利用者の抑制を目論んでいたことは疑いの余地がない。そして、その進捗の先にある現在では、「介護人材の確保」の議論でも、「生産性向上」と「業務効率化等」が謳われている。もちろん、これには、介護ロボットやICT（information and communication technology：情報通信技術）の導入なども含まれており、介護職の負担軽減が見込まれるという点において、一概に批判の対象とすべきではない部分も見られる。だが、他方で、「標準的な介護業務の手順等を策定するなど」明らかにサービスの標準化・効率化を意図していることからも、総体的にみれば、同様

＊10　金子勝（2015）『資本主義の克服　「共有論」で社会を変える』P.41集英社新書
＊11　早川浩士（2009）『心を活かす介護継栄力　早川浩士の常在学場』P.117筒井書房

の流れをくむものであることが理解できるだろう。社会保障審議会介護保険部会のある委員の資料からは、「介護助手」業務を階層化することで、施設業務全般の効率化をはかる取り組みも示されている[*12]。ちなみに、この「介護助手」は、「地域の元気高齢者」が想定されている。よって、この潮流は、自助・互助の行き過ぎた強調と公助の減退へと連なっていく（詳細は第三章に譲る）。

新自由主義が社会的連帯を希釈する

　さらに付け加えれば、新自由主義は「短期的契約を賞賛する」傾向がある一方、先に挙げた防災・環境・芸術・教育・文化・医療・社会福祉などの分野は、かえって、人びとの長期的つながりや関係の中にこそその成果を見いだすことができるという特徴がある[*13]。このこともまた、以上に述べた諸領域が経済の効率性でもって評価されるにそぐわないことを示唆している。また、広井良典が述べるように、長期的関係は人びとに利他性を醸成する[*14]。この観点からも、新自由主義は、やはり、共同体を融解させるのと同時に、人びとの利他性をも弱体化させ、反対に個人の利己性を高

＊12　「介護人材の確保（生産性向上・業務効率化等）」「三重県老人保健施設協会による介護従事者の確保に関する事業」第63回社会保障審議会介護保険部会資料2016年9月7日

＊13　デヴィッド＝ハーヴェイ（2007）『新自由主義　その歴史的展開と現在』（渡辺治監訳）P.231作品社

＊14　広井良典（1999）『日本の社会保障』PP.144-145岩波新書「すなわち、個体（個人）と個体（個人）の相互作用や取引が『長期』に及ぶような状況では、そのこと自体によって、一定の協力的行動ないし『利他』的とも見える行動が生じやすくなるということであり、しかも重要なことは、それは、強い意味での（つまり自己を犠牲にしたうえでの）『利他』的行動が現れるというより、むしろそうした状況下においては、『利己』と『利他』の区別ないし環境そのものが連続化する、ということである。言うならば、共通の利害状況の下で、行動する主体の『単位』自体が同心円上に拡大し重なり合う、といった事態となるのであり、そこでは『自己』と『他者』の境界自体が曖昧なものとなる。このように、『恒常的ないし長期的』な相互作用の下で生じる関係のあり方が、『共同体』というものの実質をなすと考えてよいだろう」。

めることに"貢献"していることになる。

　何よりも、社会全体の生産性と効率性を高める方法は、1％の人びとが自由を享受し、その能力を遺憾なく発揮することではあるまい。全ての人びとが、その個性と能力を余すところなく発揮することこそが、この社会の総合力を押し上げることに繋がるはずだ。このことを前提に考えれば、安倍政権が今打ち出している、「一億総活躍社会」の表層さが透けて見えてくる。新自由主義に則った「一億総活躍社会」は、1％の人びとが99％を利用する社会を志向しているのであって、大多数の人びとの自由や個性、能力は伸ばすことも、生かすことさえもないままに終焉することになるだろう。また、この潮流の末流では、彼らの求めてきたはずの「国益」さえも侵食していくことになる。

社会変革の難しさとソーシャルワークの可能性
　以上みてきた様に、いま私たちの社会は、ソーシャルワーカーが志向する社会正義と権利擁護、多様性の尊重への道程とは、まさに、真逆の方向へと押し流されている。この社会に対する現状認識を誤れば、私たちソーシャルワーカーはその社会的責任を自らの手で毀損することになるだろう。つまり、新自由主義の潮流に無意識に乗ることによって、私たちの実践は、本来のソーシャルワークとは相反する機能を果たしてしまうことになるのだ。経済地理学者のデヴィッド＝ハーヴェイによる以下の指摘は私たちにこのことを気づかせてくれる。

　「もちろん問題は、われわれが訴えることのできる正義の概念が無数にあることである。しかし分析すれば、特定の支配的な社会的プロセスが、正義や権利についての特定の概念をもたらし、それに依拠していることがわかるだろう。この特殊な諸権利に挑戦することは、それを内蔵している社会的プロセスに挑戦することを意味する。逆に、権利や正義に関する支配的概念から別の概念へと忠誠の対象を切り替えていくことなく

して、社会をある支配的な社会的プロセス(たとえば市場交換を通じた資本蓄積)から別のプロセス(たとえば政治的民主主義や集団的行動)へと切り替えることは不可能であろう」[*15]。

先に述べた「この社会に対する現状認識」とは、新自由主義の潮流に無抵抗に流され続けることではなく、ソーシャルワークの価値と照らして社会を捉え直すという作業を要するものである。そして、この現状認識は、私たちソーシャルワーカーの内側で明確化されていなければならない。無関心や無理解、そこから派生する「無知なる『善意』」が、むしろ、人びとの尊厳を毀損している現実に私たちは強い自戒の念をもつべきだ[*16]。そして、ソーシャルワークの目指すところの社会変革の基盤には、この「現状認識」が実践の起点としてなければならないと私は思う。

しかし、そこから展望する社会変革は並大抵の方法ではなされないだろう。いわゆる1%の人びとが、社会を動かしていると言われる新自由主義があちこちに伸展した社会にあって、それを全ての人びとの自由と尊厳を保障する社会へと転換させることは決して容易なことではない。この様な体制を作りあげてきた側が、自らが社会変革を遂げることは、歴史上期待をもてそうにないからだ。スーザン＝ジョージも以下の様に述べている。

「富と特権の蓄積をやめる潮時を、エリートが見きわめたためしはまず

[*15] デヴィッド＝ハーヴェイ (2007)『新自由主義 その歴史的展開と現在』(渡辺治監訳) P.247 作品社

[*16] 本多勝一 (1970)「ヒロシマの死と京都の生」本多勝一 (1995)『本多勝一集17 殺される側の論理』P.18 朝日新聞社。ジャーナリストの本多勝一は、1970年代のアメリカ人(特に白人)を例に挙げて以下のように論じている。「世界に災厄をまきちらしているアメリカも、個々のアメリカ人自身はけっこう『善意』のつもりでやっているのです。悪意でやっている一部の奴らは、自分自身わかっているし、私たちの目にも許せぬ敵としてわかり易い。しかし警戒すべき面倒な敵は、この人の好い、無知なる『善意』なのです」。

ないというのも、歴史の教訓の一つである。ジニ係数の上昇を鈍らせる、すなわち格差の拡大を食い止めるための意識的な社会介入は稀にしか行われていない。(中略)今日、エリートの言うなりの政治家が、再びこうした行動をとる可能性はまずないように思われる[*17]」

さらに加えて言えば、この新自由主義は単なる経済至上主義ではない。アメリカの制度やルールを他国に強要することにもその特徴を見いだしておかなければならない。なぜならば、本質を認識し損ねれば、これからの社会変革のあり方自体も取り誤ってしまいかねないからだ。金子勝もこの点を指摘している。

「新自由主義の批判者の多くは、新自由主義を単純な市場万能主義だと捉える傾向にあるが、それはイデオロギーと現実の混同という問題をはらんでいる。市場万能主義はあくまでイデオロギーであって、現実には、米国的な市場を作っている『制度の束』を、相手国の『制度の束』を無視して押し付けているのである[*18]」。

以上のように強大で、根深く社会に浸透している新自由主義。そして、この基盤のもとで進捗する社会的不平等の拡大と共同性の減退（ここで言う「共同性」には、自然環境保全を念頭に次世代との共同性も含んで考えるべきだろう）。人間の尊厳が痛めつけられているこの社会から脱却するには、言わずもがなだが、あらゆる理論の再構築と実践の展開が求められる。しかし、最も重要なことは、それぞれの活動が連携を果たすことと同時に、人びとの暮らしの困難を起点とした具体的な権利擁護の取り組みを積みかさねながらも、それを地域や、社会全体の課題解決へと結びつけて

---

*17　スーザン＝ジョージ（2014）『金持ちが確実に世界を支配する方法　1％による1％のための勝利戦略』（荒井雅子訳）PP.86-87 岩波書店
*18　金子勝（2015）『資本主義の克服 「共有論」で社会を変える』P.57 集英社新書

いくという、いわば「運動のあり方」にある。新自由主義といったグローバルな潮流を一方的に受け身となって、地域や集団、個人がその影響下に置かれるということだけではなく、個人や、集団、地域の変化の積みかさねの上にグローバルな流れに変更を迫る、人間が主体的に起こす社会変革こそが今求められているのである。このように、圏域や分野を横断した理論と実践の連携と同時に、ミクロ（個人）・メゾ（地域）・マクロ（国家）を結合した運動のあり方が不可欠となるであろう。

　ここまで述べれば分かるように、人びとの連携を促進するネットワーキングやコーディネーションの技術を有し、ミクロ・メゾ・マクロ領域を一体化した実践を基盤に内包するソーシャルワークの真骨頂がここにある。つまり、新自由主義が蔓延したこの社会を再興する方法は数多ある訳だが、その一角をソーシャルワークが担い得ること、その潜在力と可能性を私は思い描いているのである。

●ソーシャルワークの特有性と可能性

　私が激しく新自由主義批判を展開することには大きな狙いがある。一つは、ソーシャルワークは、新自由主義を弥縫(びほう)する道具であってはならないという警鐘を鳴らすためである。今一つは、これからのソーシャルワークを担う若い人びとに特に伝えたい事でもあるのだが、もしソーシャルワーカーが本来の社会変革の担い手たり得るのであれば、ソーシャルワークは、新自由主義に代わる新たなあるべき社会を構築する潜在的な力を有しているという可能性を示すためである。以下、少々長くなるが、本書における核心となる部分でもあるため、是非ともお付き合い頂きたい。これからの記述は、日本の社会福祉実践やソーシャルワークの領域で不思議にも熱心に議論されてこなかった論点でもある。

　まずは、本書が取り扱うソーシャルワークの概念を明らかにするために、

日本医療社会福祉協会と日本社会福祉士会、日本精神保健福祉士協会、日本ソーシャルワーカー協会も加入している国際ソーシャルワーカー連盟（IFSW）による定義を確認しておきたい。以下に示す「ソーシャルワーク（専門職）のグローバル定義」は、2014年7月オーストラリアのメルボルンで、国際ソーシャルワーカー連盟（IFSW）及び国際ソーシャルワーク学校連盟（IASSW）において採択された直近の定義である。

「ソーシャルワークは、社会変革と社会開発、社会的結束、および人々のエンパワメントと解放を促進する、実践に基づいた専門職であり学問である。社会正義、人権、集団的責任、および多様性尊重の諸原理は、ソーシャルワークの中核をなす。ソーシャルワークの理論、社会科学、人文学、および地域・民族固有の知を基盤として、ソーシャルワークは、生活課題に取り組みウェルビーイングを高めるよう、人々やさまざまな構造に働きかける。この定義は、各国および世界の各地域で展開してもよい」。

末文にあるように、本定義は重層的な定義であり、このグローバルな定義を基盤として、以後、リージョナル（地域）・ナショナル（国）領域でそれぞれの定義が形成されていくことが想定されている。現在はそれぞれの地域と国でその作業が進められている最中にある。重要なのは、社会正義と権利擁護、社会の構成員としての責任に立脚しつつ、社会の変革・開発・結束、そして人びとのエンパワメントと解放を推し進めることが実践の要諦だとされている点である。とりわけ、未だかつて、「社会変革」によって定義づけられた専門領域は、私の記憶と認識において存在しない。この「社会変革」はソーシャルワークに特有のものであり、生命線であるといっても過言ではない。

　私は基本的にこの定義に同意する。だが、グローバルな定義であるがゆえに、実践分野に当てはめると若干の捉えにくさがうかがえる。もちろん、今後、リージョナル、ナショナルの定義が構築されていくことによって、

それぞれの地域特性が反映された定義が創出されていくという可能性はある。だが、それを踏まえても、人びとにとってより身近で、日常的な関係のある「地域」（コミュニティ）をどのように捉えるかに対する言及がない点は無視できない。

　加えて、「集団的責任」についても、その意味が非常に理解しづらい。もし、排除されている人びとに対してその「集団的責任」を押し付けることに用いられては本末転倒である。よって、私は、この「集団的責任」を「社会の構成員としての責任」を指すものと解釈することにしたい。更に言えば、この「集団的責任」は、「集合的責任」と訳すべきであり、そうすることで、「集合」することで生じる責任及び「集合」するかどうかを選択する責任と捉えることが可能となり、私の解釈とより近くなるであろう。

　なお、この定義の「注釈」の「社会開発」の行には本書と関連のある指摘がなされている。

「社会開発という概念は、介入のための戦略、最終的にめざす状態、および（通常の残余的および制度的枠組に加えて）政策的枠組などを意味する。それは、（持続可能な発展をめざし、ミクロ－マクロの区分を超えて、複数のシステムレベルおよびセクター間・専門職間の協働を統合するような）全体的、生物－心理－社会的、およびスピリチュアルなアセスメントと介入に基づいている。それは社会構造的かつ経済的な開発に優先権を与えるものであり、経済成長こそが社会開発の前提条件であるという従来の考え方には賛同しない」。

　本書が、ソーシャルワークに依拠することの意義としても確認しておきたい。
　以上の点を踏まえると、国際的な定義に対して、より実践を意識した解釈を加えていく必要があるだろう。加えて、あとに詳述するが、日本のソーシャルワーク（学問と実践）の実態としては、「社会変革」から乖離して

いるという事実がある。*19 だからと言って、現状に即して定義の本質的解釈を変更することは許されないし、それは、ソーシャルワーカーのとるべき道でもない。難しいところだが、この「社会変革」の精神を実践領域でより広く浸透させることに目的を限定して、実践家がわかりやすい定義とした方がよいものと思われる。少なくとも日本では捨象されている「社会変革」をどのように位置づけて、その実践を強力に押し広げていくべきなのか、これこそが日本のソーシャルワークの最重要課題であり、であればこそ、本書が克服すべき中心的なテーマであると言える。

以上の論点を念頭に、本書では、ソーシャルワークを次のように定義しておく。

ソーシャルワークは、社会正義と権利擁護を価値基盤とし、次の5つの仕事を通して、全ての人間の尊厳が保障された社会環境を創出する専門性の総体をいう。
①暮らしに困難のある人びとに直接支援を行うこと、
②人びとが暮らしやすい地域社会環境を構築するよう社会的活動（ソーシャルアクション）を行うこと、
③人びとのニーズを中心に、人びとと地域社会環境との関係を調整すること、
④政策（政府・行政）に対し、人びとのニーズを代弁した社会的活動（ソーシャルアクション）を行うこと、
⑤人びとのニーズを中心に、②の地域社会環境と、④の政策（政府・行政）

---

*19　本書では、日本のソーシャルワークに社会変革の減退がみられることを述べていくが、それは諸外国のソーシャルワークと比較してという意味ではなく、絶対的評価として捉えていることを付言しておく。世界各国のソーシャルワークの実態を調査したわけではないが、国際会議等に出席して実践事例をきく限り、社会変革を意図したものがあれば、全くそうではないものも存在している。今のところ、日本のソーシャルワークだけが、社会変革から距離を置いているとは言い難い実態があると私は考えている。

における構造との関係を調整すること（図1-1）。

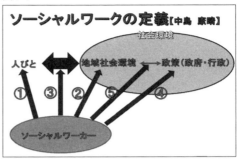
図1-1

　まず、②と④、⑤は、ケアワークや医療、心理の領域では原則としてその実践が規定されていない。ここに、対人援助職におけるソーシャルワークの特有性と潜在力を確認しておきたい。また、地域包括ケアを個別支援たるケアと地域支援としてのまちづくりの有機的複合概念と捉える以上、この3つの視点がなければ、地域包括ケアは進展しないため、従来のケアワーク・医療・心理分野の知見だけでは、これらが遂行されていかないことも確認できるであろう。そして、地域包括ケアを含め、ソーシャルワークの実践領域では加えて③が重要となる。地域で暮らす多様な人びと同士の接点（対話や関わり）の機会を数多創出することこそが、地域社会に、多様性と互酬性、信頼関係を構築し、地域包摂や地域変革を志向する原動力となり得るからだ。もちろん、地域変革の集合は、社会変革へと連なっていく。本書では、この③の実践の積みかさねが、①に与える効果はもちろん、②の実効性ある展開へと繋がり、⑤への着眼と実践を誘導し、④の領域へと敷衍されていくという一連の流れを描いていく。地域の中で、③の取り組みを通して、地域変革を遂げていく、ソーシャルワークの社会変革における一つの実践形態を示すことが本書の目的の一つとなる。ソーシャルワークについては、本章後半と三章、別本『実践編』の七章でさらに詳細に踏み込んで論じていくため、ここでは問題提起に留めておく。

> ●ソーシャルワークが新自由主義に加担する危険
> ── 社会福祉基礎構造改革を問い質す

社会福祉を毀損してきた新自由主義

　以上のソーシャルワークの定義を踏まえながら、再び、新自由主義との関係について論じていきたい。これも、本書で論じていく中核的な問題なのだが、人びとの尊厳を擁護する実践に対する弊害には、①人びとの社会的権利を保障する社会保障を中心とした（教育・文化・芸術・自然環境保全・防災などを含む）制度・政策の減退と、②人びとの互酬性と信頼関係の毀損があると私は考えている。そして、これら両者の阻害要因は、新自由主義にその起因の多くを求めることができる。

　前者では、1990年代後半から2000年代前半まで、政府によって検討が重ねられてきた社会福祉基礎構造改革にかかる基本志向であった「措置制度から契約制度への転換」から、生活保護費の削減をはじめ、診療報酬や介護報酬の減算に至るまで顕著に見られるし、後者に対しては、生産性と効率性を求める新自由主義が「短期的な契約を賞賛する」ため長期的な人間のつながりを忌避する傾向があることや、格差の拡大と社会的不平等が人びとの関係にまで悪影響を及ぼしている。後者の連帯と共同性の解体に対する影響としては、トニー＝ジャットの以下の主張を挙げておく。

「あらゆる種類の資源――諸権利から水まで――に対するアクセスの不平等は、世の中に対する真に進歩的な批判の出発点です。けれども不平等は、単なる技術的な問題ではありません。それは社会的つながりの喪失の例証であるとともに、それを悪化させます。主たる目的が他の人びと（自分よりも不運な人びと）を締め出して、自分自身と自分の家庭だけに有利に生きようというゲート・コミュニティーの生活感覚などは、この時代の病理を映し出すと同時に、あらゆる民主主義国の健全さにと

って、大いなる脅威なのです」[20]。

　また、これら社会的連帯の毀損によって、新自由主義は「ナショナリズムを動員する」とデヴィッド＝ハーヴェイは指摘する。「ナショナリズムの感情は韓国や日本でも広まっており、どちらにおいても、ナショナリズムの勃興は新自由主義の衝撃によって社会的連帯の旧来の絆が破壊されていることに対する反発とみなすことができるだろう」[21]。この共同性の減退に対する対策を、私たちは、ナショナリズムに委ねるのではなく、個人の尊厳保障を基盤に据えた成熟した連携と連帯を後押ししていくことで対応していかなければならない。ここにソーシャルワークの重要な仕事があると私はみている。

　とはいえ、前者①の影響は絶大であり、やはり、中でも、日本で新自由主義が顕著に現われ始めた1990年代後半から社会福祉関連法案がほぼ同時期に改定されたいわゆる社会福祉基礎構造改革の存在が大きい。当時、この基礎構造改革に異論を唱えていた社会福祉の研究者と実践家はまれであり、存在しても決して主流にはなり得なかった。この時点で、既に、私たちは社会保障や社会福祉の理念と役割を見失っていたと言えるだろう。

「民営化」の促進と社会福祉の衰退

　そんな中で、非主流派として顕著に抵抗を続けていた研究者たちの一部として真田是らの存在があった。真田らは、基礎構造改革の最大の問題点を措置制度から契約制度への転換にあるとし、その理由として、①措置制度下では、不作為を含めた争訟権が人びとに保障され、憲法を根拠にした保護基準の是非を争うことや、国家賠償法による請求が期待できていたが、

---

[20]　トニー＝ジャット（2010）『荒廃する世界のなかで　これからの「社会民主主義」を語ろう』（森本醇訳）PP.204-205 みすず書房
[21]　デヴィッド＝ハーヴェイ（2007）『新自由主義　その歴史的展開と現在』（渡辺治監訳）P.120 作品社

契約制度ではその可能性が奪われること、②措置制度では、サービス利用にかかる費用無償や応能負担が原則であったが、契約制度においては、応益負担や対価支払い義務が生じ、支払い能力の無い人びとが排除される可能性があること、③多元的供給体制（民間企業等の参入）によって、法人間のサービス水準の格差が広がり、権利保障の標準化が困難となること、などを挙げている。[*22]

特筆すべき問題は、憲法には人びとの生存保障と最低限度の生活保障が記されており、これは政府と自治体の責務によって守られるべきであるにもかかわらず、それを、民間組織と人びととの利用契約に基づいて推し進めるべく変換がはかられてきたことにあった。このことによって、社会福祉サービス提供上で生じる様々な問題の解決は、制度・政策上の瑕疵も含めて、サービス提供事業者と人びとへと押し付けられ、政府と自治体はその直接的な責任を負わなくて済む構造となっている。

この基礎構造改革前後におけるサービス利用者（「人びと」）とサービス提供「事業者」、「自治体」の関係の変遷は図1-2と図1-3に示す通りである。新自由主義の影響を多分に受けて進展したこの基礎構造改革は、新自由主義の伸張と人びとの尊厳の毀損とが連なっていることを示す一つの象徴的存在である。よって、ここでは、この基礎構造改革がサービスの質にどのような弊害をもたらしたのか丁寧に検証をしておく。

まず、基礎構造改革以前（図1-2）では、「自治体」が本来実施すべきサービスを社会福祉法人等の民間「事業者」に委託をする関係であり、その自治体の委託を受けた「事業者」から、「人びと」はサービスを受ける関係にあった。このサービス利用にかかる関係を「措置」といい、行政処分の一環であるとしてこの言葉は当時消極的に用いられていた。「自治体」の決定（処分）に従って、「人びと」はサービスを受けるため、「人びと」は「事業者」を自由に選べない関係にあったというものである。

＊22　真田是・小川政亮・浅井春夫 (1999)『「社会福死」への道　社会福祉基礎構造改革の問題点』かもがわブックレット

もちろん、そのような可能性は完全には払拭できなかったが、現場に従事していた者の見解を含め、当時の時代の趨勢として、自治体が一方的に「人びと」の処遇を決定する風潮は既にかなり緩和されていたのが実態であった。それに、自治体と事業者が委託関係（措置委託）を維持したまま、「人びと」の自己決定を担保する方法は別途考えられたはずである。よって、当時の措置制度が、「人びと」の自己決定を毀損するという意見は、一見正しいが、だからと言って、「自治

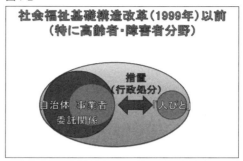

図1-2 社会福祉基礎構造改革（1999年）以前（特に高齢者・障害者分野）

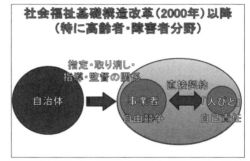

図1-3 社会福祉基礎構造改革（2000年）以降（特に高齢者・障害者分野）

体」と「事業者」の委託関係までも解消することは論理的な瑕疵を犯していることになる。なぜならば、「人びと」の自己決定が保障されても、翻って、「自治体」の責任が退行するのであれば、「人びと」の権利擁護に新たな危機が舞い降りてくることになるからだ。

次に、基礎構造改革以後の図1-3を見てもらいたい。ここでは、「自治体」と「事業者」はもはや委託関係になく、一体的な関係とは言えなくなってしまっている。「自治体」の役割は、「事業者」を指定・取消・指導・監督する立場にありそれ以上ではない。また、この機能も、厚労省の定める設置基準等の法令を遵守しているか否かに焦点があてられており、法令では明示されない個別具体的な「人びと」の支援の在り方にまで踏み込んだもの

にはなっていない。よって、基礎構造改革以前に比べて、「自治体」の役割は大きく退行していると断じざるを得ない。

　また、2000年の介護保険制度の創設を皮切りに、サービス提供の多元主義が勃興することになる。以前は、専ら社会福祉法人だけに認められていた運営主体は、株式会社などの営利法人からNPO法人等の非営利法人まで、あらゆる法人格を有する組織にその門戸が開かれていった。既に中核的な担い手であった社会福祉法人は、ここで、大きく自由競争のもとに晒らされることになる。

政策的誘導の帰結としての社会福祉法人の変質

　本章の本質的な議論と関係するため、少し議論を深めておくと、実は、多くの社会福祉法人が本来の役割を担っていないとの批判を受け、新たに「地域公益活動」を強要されようとしている現状の背景はここに端を発していた。なぜならば、第5回社会保障審議会福祉部会（2014年10月7日）の資料からも分かるように、2000年以前に設立されている社会福祉法人は、2001年以後に創設された社会福祉法人に比べ、「ほぼすべての生活支援サービスについて」明らかな社会貢献を果たしているとの根拠があり、そのことを踏まえて、「介護保険制度の導入を境に、法人の設立年によってサービス提供の実施状況に差が生じたことは、慈善・博愛と捉えていた福祉事業に対し、『措置から契約へ』と経営が質的に変化したことによって、社会福祉事業者のあり方が変容しているのではないか」との指摘がみられるからだ。[23]　またこのことは、2001年以降のこの自由競争下で、現在批判の対象となっているような社会福祉法人の姿がつくられていったと受け止めることもできるだろう。であるならば、これは単純に社会福祉法人の怠惰というよりは、制度・政策による誘導の帰結としてもとらえていくべきであろう。

＊23　福間勉委員（公益社団法人　全国老人福祉施設協議会）「社会福祉法人（老人福祉施設）における地域福祉活動について」第5回社会保障審議会福祉部会・資料4　P.7　2014年10月7日

さらに言えば、2000年の介護保険制度導入のこの時期と軌を一にして、社会福祉法人の会計基準が、「経理規定準則」から「社会福祉法人会計基準」へと変更された。宮本恭子によれば、社会福祉法人会計基準では、「法人、事業所の運営状況を摑み、他法人との比較ができる会計が必要とされ、企業会計に適用される損益計算の考え方が導入」され、そして、「2000年6月7日、『社会福祉の増進のための社会福祉事業法等の一部を改正する等の法律』の一部の施行及びそれに伴う政省令の改正が通知」されることをもって、「社会福祉法人の経営原則が明確にされ、各事業者は「人びと」に選ばれるようサービスの質を確保するとともに、経営の効率化を図り、経営基盤を自主的に強化すべき課題が明記された」としている。まさに、「介護サービスの提供方式が措置制度から契約制度へ移行することで、社会福祉法人は、公益性の追求と経営基盤の自主的な強化という、一見矛盾する経営の原則を要求されるようになった」というわけだ。[*24]

　以上のことからも、そもそも政府は自由競争で淘汰されないように、社会福祉法人に対して「経営基盤の自主的な強化」を求めていたことがわかる。社会福祉法人が本来の地域貢献や公益性の担保を犠牲にしてきた潮流は、政府が政策的に生み出したものであることは明らかである。まさに、新自由主義は、この様な公益法人のあり方にまで多大な悪影響を及ぼしているのである。もちろん、この政策誘導としての自由競争に抗いながら、本来の社会福祉法人の役割を貫徹している法人がある以上、現在批判の対象となっている社会福祉法人の全てに免罪符が付与されるわけではないが。

政府・自治体機能の退行

　話を元に戻そう。私たちは、「人びと」の「自己決定」が喧伝される一方で、その自己責任が強化されていることにも着眼しなければならない。「人

＊24　宮本恭子（2012）「介護供給システムからみた介護職員の雇用環境への影響——社会福祉法人の施設運営をとおして」法政大学大原社会問題研究所『大原社会問題研究所雑誌No.644』PP.57-58

びと」と「事業者」の直接契約に基づいたサービス利用方式は、「人びと」と「事業者」の対等な関係において成り立つ公式だが、「人びと」の判断能力の低下やそれを支援するべき成年後見制度等の権利擁護が十分に機能しているとは言えない現状を考えれば、むしろ、「人びと」の権利を毀損することに繋がりかねない。佐橋克彦は、この「提供者と利用者が対等な関係になるということは、二重の意味で問題をはらんでいる」とし、一つは、「合理的な理由をたてに提供者側がサービスの提供を断ることが出来る」こと、二つ目に、「情報の非対称性の観点からも提供者と利用者は対等になれない」点を指摘している。[*25]

　以前であれば、これらを担保する役割として、「人びと」は「事業者」の委託先である「自治体」へも気軽に相談ができたが、現在の関係では、「自治体」への相談は以前に比べて難しくなっている。サービス利用にかかる関係は、「人びと」と「事業者」との直接契約に委ねられているので、双方の話し合いによる解決が基本であると「自治体」は自らの責任を回避することができるからだ。

　以上の基盤となる事柄を確認しつつ、さらに、次の3つの視点でこの前後を対比してみる。

①「サービスの質」とその責任。
②「人びと」のあり方と政策提言機能。
③「社会福祉人材の確保・処遇」とその責任。

　この3点で検討する目的としては、昨今、社会問題と化している「社会福祉人材の確保・処遇」も内含するサービスの源泉的な質と公的責任の変遷を浮き彫りにすることが挙げられる。

　まず①であるが、基礎構造改革前の図1-2では、「自治体」が本来担うべ

＊25　佐橋克彦（2011）「福祉サービスにおける措置委託制度の理論的意義と契約化の課題」北星学園大学『北星学園大学社会福祉学部北星論集』第48号 PP.76-77

き役割を「事業者」(この場合は社会福祉法人)に委託することを基盤としつつ、「人びと」は「事業者」のサービスを利用する関係になっている。よって、「自治体」は、委託先である「事業者」といわば一体的な関係にあり、サービスの質に対してある種共同責任を負う立場にあったといえる。事実、「事業者」が起こした事故や問題に対して、「人びと」は、「事業者」を訴えるだけではなく、「自治体」に対しても損害賠償を請求することが可能な関係にあった。このことは、「事業者」と決して対等な関係になり得ない「人びと」にとって、サービスを利用する際の権利の保障と安心感へと繋がっていたことに疑いの余地はないだろう。

　ところが、基礎構造改革後の図1-3では、「自治体」と「事業者」(社会福祉法人を含むそのたあらゆる法人)における委託関係は解消され、「自治体」の機能は、「事業者」を指定・取消・指導・監督する立場へと後退することになる。そして、前述した通り、ここでの指導・監督は、厚労省の示す運営基準等からの逸脱の有無が念頭に置かれており、個別具体的な指導・監督はほとんど想定されてはいない。個別具体的なサービスの質の担保を巡っては、専ら「事業者」と「人びと」の間で交わされる直接契約に依拠して協議がなされるわけだから、「自治体」としては、そこに口を挟まないことが原則となるからだ。であるならば、「事業者」が起こした事故や問題に対して「人びと」が、「自治体」に損害賠償を請求することはほとんど不可能になってくる。

　このような状況下では、「人びと」の社会的権利は、運営基準等で定められている範囲を除いて、サービスを提供する「事業者」の姿勢に大きく左右されることになる。もっとも、運営基準等で謳われている事項は、あくまでも、一般的・画一的なものであるから、個別性の高い暮らしの支援の領域では、サービスの質を担保するものであるとは言い難い。よって、これらの領域は、「事業者」の理念や方針、実践方法に全て委ねられることになる。もちろん、「事業者」間の競争原理が働き、差別化が生まれる可能性はあるのだが、「人びと」と「事業者」の対等な関係が担保されていない限り、

「事業者」やサービスの適切な選択を「人びと」が行うことには困難を伴う。以上の問題を乗り越えるために、「公正中立」にその調整役を果たすとされて配置された介護支援専門員も、所属先の「事業者」に偏った仕事を行っているとの指摘を見れば、このことはもはや絶望的な段階にあることが明らかだ。[*26]

　実は、この「自治体」機能の退行は、このままでは留まらない可能性が高い。その代表例が、実地指導の民間委託である。事業者に対する実地指導は、元来自治体が実施するものとされてきたが、2008年4月からは、「指定市町村事務受託法人」においても実行可能となっている。これは「実地指導」の民間委託のことを指す。周知のとおり、実地指導とは、介護保険事業者が、運営基準に則した運営を行っているのかその如何を現場にて確認する行為をさす。この実地指導において、重大な指摘事項や不安視すべき事実が確認されれば、より強制力のある指導監査へと移行するため、指導監査のとば口にあたる大切な機能であるといえる。基礎構造改革前に比べて減退した自治体機能（指定・取消・指導・監督）のうち、「指導」の機能さえも民間へと委託することで「自治体」はさらなる責任の縮小を図っているのである。この実地指導の民間委託は、現時点では、多くの「自治体」でその実施が進んでいるわけではないが、横浜市による「かながわ福祉サービ

---

*26　佐橋克彦（2012）「わが国介護サービスにおける選択制と利用者主体の限界——準市場の観点から——」北星学園大学『北星学園大学社会福祉学部北星論集』第49号 P.104「制度開始直後ではケアマネジャーは各施設・事業所に属する職員であり、中立性が担保されていなかった。これにより、いわゆる利用者の『囲い込み』や過剰な（あるいは水増しして）サービスの提供や用具の販売・貸与によって『利益』を上げていた過去があった。現在では先に見たとおりケアマネジャーの中立性を厳しく定め、また、介護予防事業等に関しては地域包括支援センターが計画を立案し、その最終的な責任は市町村が負うことで中立性を担保しようとしている。しかし、市町村直営の地域包括支援センターは2009年4月時点の厚生労働省調べでは約31.5％にとどまっており、委託が約67.3％を占めている。そして委託されたセンターのうち、約53％が社会福祉法人によって設置されたものであり、依然として中立性の問題は解決されていない」。

ス振興会」への委託を皮切りに今後漸次蔓延していくものと思われる。

　また、介護保険の地域密着型サービスの一部の事業（小規模多機能型居宅介護・認知症対応型共同生活介護・認知症対応型通所介護・小規模型通所介護・随時対応型訪問介護看護）では、運営推進会議の開催が義務づけられているが、そこに省令に定められている「自治体」職員の参加率の減退は、広島県内でも顕著に表れている。運営推進会議には、「事業者」のサービスに対して、「人びと」・家族等の「当事者」と「自治体」職員・地域包括支援センター職員・地域住民等の"第三者"がともに評価を行い、サービスの質向上につなげる機能が中核に据えられている。そこに、省令に定めがあるにもかかわらず、「自治体」職員が参加をしないということは、「事業者」のサービスの質に対する「自治体」の責任逃避と捉えられても反論の余地はないであろう。

「利用者」の「消費者」化と社会的権利の退廃

　以上のような関係を念頭に置けば、②の「人びと」が、「自治体」、延いては政府の制度・政策のあり方に対して、直接かつ日常的に「自治体」に異議申し立てる機能も弱体化させることになる。これらは、岡村重夫が以下に指摘することとは全く平仄が合わない。岡村の指摘はこうだ。「社会関係の構造」は、「社会制度の側から規定される客体的側面」と「生活主体者たる個人の側の条件によって規定される主体的側面」が、「否定的に媒介されることによって統合されるという二重構造」を包含しており、後者の「社会関係

＊27　公益社団法人かながわ福祉サービス振興会のウェブページによれば、「指定市町村事務受託法人の指定を受け、平成27年度から横浜市から介護保険事業者に対する『居宅サービス担当者等に対する保険給付に関する照会事務』（以下『実地指導事務』という。）を受託」したとある。また、この取り組みは、「今回の横浜市から当法人への実地指導の委託は、政令指定都市として初の試み」であるとしている。http://www.kanafuku.jp/biz/jitti.html

＊28　広島市の自治体職員の参加は皆無であり、福山市においては出席を漸次控えていく状況にある。

の主体的側面に視点を据えて、社会関係の困難を生活困難として把握するところに社会福祉固有の対象領域が開ける」[29]。つまり、基礎構造改革は、この社会福祉の固有性と対象領域をひどく狭めることにも帰結してきたといえる。何よりも、制度・政策は、政府・自治体からの流れによってのみ成り立つものではなく、利用する人びとのニーズをもとに、それを、改善・変更することの相互作用に応じて、はじめて人間のニーズを満たす役割を発揮し得るはずだ。その経路がより閉ざされているという点において、このことは、より重大な問題を内含するものだと私は考えている。

そのうえ、新自由主義との関連で言えば、「人びと」の質的な変化が進捗してきた。「人びと」のいわゆる顧客化及び消費者化の問題である。この「人びと」の顧客化・消費者化の端緒はまさにこの基礎構造改革にあった。基礎構造改革前には、「当事者」「利用者」と呼ばれてきた人びとが、構造改革後は「顧客」「消費者」として捉えられるようになった。ここでいう「消費者」については、サラ＝バンクスによる以下の言及がある。

「ある一定の種類の方法で取り扱われ、一定のサービス基準を受ける、特定の権利を保持している『消費者』としてのサービス利用者という概念は、普遍的な権利を有する人という概念からは、より絞り込まれているか、おそらくかけ離れているものである」[30]。

目下の影響としては、「顧客」「消費者」が、「事業者」にとって獲得の対象となり、「事業者」による「囲い込み」が進んでいく。なぜここでこのことに触れるのかというと、昨今、「人びと」のことを「お客様」と捉えて呼称し、そのことの過ちの大きさに気づいていない「事業者」が一定程度存在しているからだ。私は、人びとの権利擁護の観点から、この過ちをただし

＊29　岡村重夫（1983）『社会福祉原論』「序にかえて」全国社会福祉協議会
＊30　サラ＝バンクス（2016）『ソーシャルワークの倫理と価値』（石倉康次・児島亜紀子・伊藤文人監訳）P.157法律文化社

ていく必要を感じている。

　基礎構造改革以前は、一人の「人びと」を地域のあらゆる「事業者」が、連携の上役割分担をはかりながら支えてきた。「人びと」のニーズを中心に、「事業者」同士の連携があり、ニーズに対してより十分な対応のできる「事業者」がサービスの提供を担ってきた。そこでは「人びと」は単に獲得の対象ではなく、連携のもと支え合う関係があり、「人びと」のニーズによっては他の「事業者」への紹介も一定程度はなされてきた。

　ところが、顧客化が顕著になると、たちまち、「事業者」間の関係は、連携から競争へと変換され、単独「事業者」による「囲い込み」がはじまった。そこでは、「人びと」のニーズよりも、「事業者」の利益が優先されてきたのである。一方で、このことが重大な問題をはらんでいることに、「事業者」のみならず、ソーシャルワーカーでさえも気づいている者はごく少数であった。事実、「人びと」の顧客化に対して警鐘を鳴らすものは現在もほとんど存在しない。

　では、「利用者」「当事者」（本書では、私はあえて「人びと」といっているが）と、「顧客」「消費者」の違いはどこにあるのだろうか。双方の混同がみられる多くの「事業者」とソーシャルワーカーのためにもここで若干の整理をしておく。

　まず、新自由主義の特徴でも述べた通り、両者の違いは、その関係の期間に依拠している。「利用者」「当事者」とソーシャルワーカーの関係は継続的で時に長期的である。他方、「顧客」「消費者」とソーシャルワーカーの関係は、機会的であり、短期的であることが想定されている。なぜならば、「顧客」や「消費者」は、サービスを選択するにあたり、不満や不安があれば、次々とサービス提供者を変更すればよい関係を前提としているからだ。この根底には、「顧客」とサービス提供者との間に短期的な関係が据えられている。そうではなく、「人びと」とソーシャルワーカーとの関係では、「人びと」の変遷するニーズを、両者が協働作業で探り当て、協働してそのニーズへの接近を試みていく。つまり、両者の相互連携と継続的な関係をそ

の基盤としているところに特徴があるといえる。例えば、保育所の対応が悪からといって、子どもが通う保育所を10回以上転々と渡り歩く親は少ないはずだ。特別養護老人ホーム等の入所施設においても同様であろう。これらのことは待機児童や待機入所者の問題に置き換えて考えられやすいが、単純に、待機問題が解消されたとしても本質的な要素は変わらないはずだ。特別養護老人ホームと保育所を小中学校に置き換えて考えてみてもよい。

　ここで重要なことは、継続的であると同時に、相互が連帯しあう関係にあるということである。つまり、継続的な関係を基盤としつつ、「人びと」はソーシャルワーカーの支援を通して自らの暮らしを変容させると同時に、ソーシャルワーカーも「人びと」によって支援の在り方を変えていくのである。北野誠一の言葉を借りれば「本人と支援者の相互エンパワーメント」ということになる。[*31] さらに言えば、この支援を通して、ソーシャルワーカーはこの先の支援の方法を変革していく。この相互変容を遂げるためには、信頼に裏打ちされた援助関係と一定の協働作業の時間が不可欠となる。この関係の継続性と相互性に、「人びと」とソーシャルワーカーの関係の特徴があるといえるのだ。他方、顧客と消費者の場合には、この継続性と相互性は、求められないばかりか、場合によっては、顧客の「自由な選択」や「事業者」による「逆選択」といった相互選択に対する「足かせ」としてすら捉えられかねない。よって、顧客・消費者との関係においてであれば、私たちは、関係の継続性と相互性を考える必要がなくなってしまう。

　「利用者」「当事者」というと呼び方と、「顧客」「消費者」というとらえ方は、瞥見（べっけん）すれば、その違いは曖昧模糊としているものの、以上のように決定的な相違点が存在する。このようにして、新自由主義は、私たちの領域へと浸食を推し進めているのである。そして、このことに多くの「事業者」とソーシャルワーカーは気づいていないばかりか、喜んでからめとられて

＊31　北野誠一（2015）『ケアからエンパワーメントへ　人を支援することは意思決定を支援すること』P.103 ミネルヴァ書房

いるようにさえ見受けられる。既述のように、2001年以降多くの社会福祉法人が、地域貢献から手を引き、この「顧客」獲得の競争へと邁進してきた事実がこれを如実に物語っている。かつて、イギリス語に侵食された日本人のことを、その勢力に「和姦」されていると筑紫哲也が揶揄していたが、この状況は、まさにその「和姦」の状況にあるといってよい。[*32]

「社会福祉人材の確保・処遇」に対する公的責任の逃避

　最後の③は、①の「サービスの質」に対する根源的な問題をはらんでいる。社会福祉事業は、「労働集約型産業」と呼ばれているように、そこで働く「職員の質」が「サービスの質」へと直結してくるからだ。実は、基礎構造改革前においては、社会福祉法人職員の給与と退職金に対しては、政府・自治体による補助が行われていた。この仕組みについて、宮本恭子は以下の様に解説している。

　「措置費とは別の枠組みで、社会福祉法人の職員の毎月の給与を改善するための補助金として『民間施設給与等改善費（以下『民改費』）が支弁されることになった。これによって、社会福祉法人の職員の毎月の給与も、公務員に準ずる額が保障されるようになる。また東京都の場合、公務員と給与水準が同じでないと補助金対象施設ではなかったなど、自治体独自で特別養護老人ホームの職員の給与を安定させる仕組みも存在していた」。しかもこの「民改費」は、「勤続年数に応じて高くなる仕組みを採用しており、勤続年数に見合う昇給が保障される。本来であれば、勤続年数に応じて昇給することで、一定の措置費では収入額に対し人件費率が高まり、経営が圧迫される。だが『民改費』を投じることで、安定的な施設運営と勤

＊32　筑紫哲也「風速計　『片仮名語』汚染」『週刊金曜日』P.7（1998年11月13日〈243号〉）「『英語帝国主義』をめぐる議論でこれまでも述べてきたことだが、それは単純な加害者対被害者、侵略者対被侵略者の関係ではない。喜んで、自らそれを受け入れたがるほどにことは進んでいる。『レイプ』などという婉曲表現でなく、あえて品のないたとえをすれば、強姦でなく和姦の域なのだ。官民一体でこの傾向を推し進めてきたのだが、近年は『官』の積極ぶりが目立つ」。

続年数に応じた職員の昇給の両立が可能になっている」と。さらに加えて、この勤続年数は、他の社会福祉法人での勤続年数も加算することができるため、法人間を移動しても職員の不利益は生じない仕組みが施されていた。これは、社会福祉専門職の専門性の担保においても重要な取り組みとして評価ができる。

　現在の介護報酬では、この様な手当てがなされていないため、まさに、職員の勤続年数に応じた職員の昇給は、その事業者の経営を圧迫することに繋がっており、この様な質の高い職員を多く配置している事業者ほど、その経営を悪化させてしまうという大きな矛盾に「事業者」は苛まれている。基礎構造改革前には、現在の問題を克服する仕組みが既に存在していたことになる。加えて、退職金についても、「公務員に準ずる支給を目標に」、「社会福祉施設職員等退職手当共済制度」が位置付けられていたのだ。

　このような実態を把握すれば、基礎構造改革前後で職員の処遇が低下していることは察するに難しくはないだろう。宮本は、「介護保険制度前後の介護職員の給与を比較すると、平均年間総収入（税込み）は、1991年が340万9千円、1997年が380万9千円」であったものが、「1991年および1997年と2009年では異なる調査結果を参考にしているため、単純に比較することはできない」としつつも、「2009年については平均額が示されていないため階級別にみると、介護職正社員で『103万未満』が3.1％、『103万以上130万未満』が2.9％、『130万以上200万未満』が19.3％、『200万以上250万未満』が25.2％、『250万以上300万未満』が21.0％、『300万以上400万未満』が17.5％、『400万以上』が4.0％であり、『200万以上300未満』の階級が半数近くを占めている」と指摘する。

　以上のようにみていくと、基礎構造改革前は、社会福祉人材の処遇においても、政府・自治体における一定程度の関与が存在したことが明らかと

＊33　宮本恭子（2012）「介護供給システムからみた介護職員の雇用環境への影響――社会福祉法人の施設運営をとおして」法政大学大原社会問題研究所『大原社会問題研究所雑誌No.644』PP.60-61

なる。この様に政府・自治体が社会福祉人材の処遇に責任を持つことは、上記のように実質的な処遇向上に繋がるとともに、社会福祉人材の安心感と誇り、さらには入職の動機へと帰結する。事実、基礎構造改革前に入職した者として、当時は、社会福祉専門職を目指す求職者は現在とは全く比べものにならないほど多数存在した。1990年代後半、自らの就職活動を目的に、大阪府社会福祉協議会が主催する社会福祉施設等の就職説明会に参加した。そこでは、会場に入りきれないほどの参加者が殺到し、入場制限がかけられた会場の外で並んで待機していた記憶がある。

　それだけではない。当時入学した社会福祉学部は、入学から卒業までの間、入学試験にかかる偏差値が十数ポイント急上昇したことも記憶に新しい（私自身、偏差値教育には反対の立場を取っているのだが、ここで強調しておきたい点は、入学希望者が殺到した事実を披瀝することにある）。そして、現に私の給与にも、大阪府からの補助金額が給与明細に記されていた。当時結婚直前の私にとって、この大阪府からの補助は、金額に対する喜び以上に、暮らしの安定感に連なるという意味で、安心と誇りを実感した心覚えがある。そして、そのような環境の下に、当時からも「3K」と呼ばれていた社会福祉人材の確保は確実に進められてきたのだ。

　周知のこととは思うが、基礎構造改革を経た現在はどうだろう。まず、2011年12月の社会保障審議会「介護給付費分科会 審議報告」によれば、「介護職員の処遇を含む労働条件については、本来、労使間において自律的に決定されるべきものである。他方、介護人材の安定的確保及び資質の向上を図るためには、給与水準の向上を含めた処遇改善が確実かつ継続的に講じられることが必要である。そのため、当面、介護報酬において、事業者における処遇改善を評価し、確実に処遇改善を担保するために必要な対応を講ずることはやむを得ない」と政府の基本的な考えが吐露されている[*34]。

　まず、私たちは、この後進ぶりを注視する必要がある。基礎構造改革後

＊34　「平成23年12月 介護給付費分科会 審議報告（抄）」第107回社会保障審議会介護給付費分科会 2014年9月3日

10年を経れば、これほどまでに、政府は、無節操にも態度を変貌してしまうのだから。つまり、介護職員の処遇に関して、その責任は経営者と職員による「労使間において自律的に決定されるべきもの」であり、政府の関与するところではないと言っている。他方、そこまでは、若干突き放しづらい現状もあるので、介護報酬において「必要な対応を講ずることはやむを得ない」というのである。その政府・自治体による責任の後進が、現在の社会福祉人材の確保と育成に大きな禍根を残していると私は考えている。事実、この基礎構造改革を一つの契機として、現下の社会では、社会福祉人材の確保が難しくなっていることはもちろん、全国の社会福祉人材を養成する大学および専門学校の入学者数の定員割れも深刻化しているではないか。

　「労働集約型産業」と位置付けられる社会福祉サービスの質は、その労働者の質に大きく依存している。労働の質を担保する人材マネジメントの要素（求人・採用・配置・育成・評価・処遇）のうち、最も重要となるのは「育成」である。しかし、この「育成」を成就させるためには、社会福祉実践に相応しい人材の「採用」と、「育成」の継続が可能となる一定水準以上の「処遇」の確保が不可欠となる。社会福祉の仕事は、以前も現在も「3K」であることには変わりがない（昨今その心象を転換させようとする取り組みもみられるが、それは表層的な変換を求めるものであり、社会福祉実践の本質が大きく変わるわけではない）。その状況下で、雇用における「処遇」と安定感が喪失されれば、適切な人材の「採用」と継続的な雇用、延いては、「育成」がより困難となることは当然の帰結であるとも言えよう。

　これらの影響を受け昨今、「社会福祉人材の確保と定着」が社会問題となっている。まず、「確保」の現状を見てみよう。介護労働安定センターが、「介護保険指定介護サービス事業」を行っている法人を対象にした実態調査がある。この「介護職員の賃金・雇用管理の実態調査　結果報告書」にある「介護職員の人数・質に対する評価」項目によれば、「正規職員については、『人数・質ともに確保されている』が29.9％、『人数は確保できている

が、質には満足していない』が29.3％となっている。『人数は確保できている』（計）は59.2％、『人数は確保できていない』（計）は27.3％となっている。一方、『質に満足している』（計）は42.4％、『質に満足していない』（計）は44.1％である」。「非正規職員」になればこの数値はさらに悪化するという。「非正規職員については、『人数は確保できているが、質には満足していない』が26.4％『人数・質ともに確保されている』が23.2％となっている。『人数は確保できている』（計）は 49.6％、『人数は確保できていない』（計）は35.7％となっている。一方、『質に満足している』（計）は39.6％、『質に満足していない』（計）は45.7％である」とされている[*35]。

　まず、「正規職員」で27.3％、「非正規職員」においては35.7％が人材の確保に困難を感じており、「数」の確保すらままならない実態を示している。他方で、人員配置基準の定めのある介護保険事業では、「数」の確保は強く義務付けられており、この二つの条件が相まって、不適切な人材を排し、適切な人材を雇用するという基本的な採用活動がおろそかなものとなっている。「不適切な人材を排し」とは一見言葉が過ぎるかもしれないが、社会福祉人材は、人びとの権利擁護の実践者であり、そこには高い倫理観と専門性が不可欠であることにはむしろ共通理解が不可欠であり、その資質にそぐわない人材を採用すれば人びとに対する権利侵害を生みかねない。2016年7月に相模原市の障害者施設で発生した元職員による殺傷事件についても、この採用活動の機能不全が、一つの要因として挙げられると私は考えている。

　以上のように、採用は育成の要諦と言われるほどに、重要な活動であるにもかかわらず、そこがおざなりになれば、不適切な人材が職場に流入し、育成に支障をきたし、延いては、サービスの質を著しく減退させてしまいかねない。よって、約3割の法人が人員数の確保さえ難しいという状況下において、「正規職員」で44.1％、「非正規職員」で45.7％が質に満足してい

＊35　財団法人介護労働安定センター「介護職員の賃金・雇用管理の実態調査　結果報告書」2013年3月 P.59

ない結果を見ればこれは当然の帰結であると言えるだろう。

　そんな中で当然に、離職率も高じてくる。2011年度の「正規職員」の離職率は18.4％であり、「非正規職員」は25.0％であった[*36]。これと比較して、厚労省の同年「平成23年雇用動向調査の概況」によれば、全産業の離職率は14.4％であったとされている。

　これら問題の源泉は、この基礎構造改革による社会福祉人材の処遇の悪化と立場の不安定化にあったわけで、当時の政府が撒いた災いの種が今となって"開花"しただけのことである。

　加えて、「社会福祉人材の処遇」の課題は、給与と退職金の話にとどまらない。もちろん、それと直結するのだが、非常勤雇用率が上昇している事象も看過できない問題となっている。同じく介護労働安定センターの報告によれば、「介護サービス施設・事業所」における非常勤雇用率は、2000年が約34.9％で、2006年になると約41.0％に移行しておりその間約6％の増加がみられる[*37]。その理由としては、一つは、先ほどから論じてきた、「事業者」間における自由競争が経費（人件費）の削減に拍車をかけてきたことが挙げられる。今一つは、人員配置基準に「常勤換算方法」という考え方を政府が導入したことが引き金となっている。「常勤換算方法」とは、職員の勤務延時間の総数を、法人における常勤の従業員が勤務すべき時間数で除することによって、常勤職員の人数に換算する方法のことをいう。例えば、常勤の勤務時間が週40時間であるならば、週20時間労働の非常勤職員を2名採用すれば、常勤換算で1名と算出することができるというものである。

　宮本恭子は、この「常勤換算法」が導入された経緯について以下の様に論じている。

[*36]　財団法人介護労働安定センター「介護職員の賃金・雇用管理の実態調査　結果報告書」2013年3月 P.9
[*37]　財団法人介護労働安定センター「介護労働者のキャリア形成に関する研究会中間報告」2009年3月 P.3

「措置制度のもとでは、特別養護老人ホームの介護職員数は入所者数に応じて決められており、しかも専任を原則としていた。この専任原則が『常勤換算方法』に改められることで、雇用コストを軽減できる非常勤職員を積極的に雇用することが可能になった。非常勤職員の雇用に関する契約は年次更新の場合が多く、賞与や昇給面の負担も少なく、コスト管理という面でみると、経営者にとってありがたい存在である。労働集約型の特別養護老人ホームでは、経費の大部分を人件費で占めることは避けられない。そのうえ、介護保険制度では、人員配置基準の制約もある。そこで人員配置基準を満たしつつ、雇用コストを軽減できる手段として『常勤換算方法』が導入されている」[38]。

　基礎構造改革前は、「専任」（正規職員）を前提としていたところに、非常勤職員を促進する「常勤換算法」を導入したということである。もちろん、政府のいうように、民間の活力を導入し、競争原理を働かせることによってサービスの質の向上を図るというのは、一見もっともらしく聞こえてくるし、実際に、現下の制度においてもサービスの質を高めている「事業者」も多く見受けられる。

　しかし、ここで確認しておきたいことは、一定の民間の活力や競争原理は認めたとして、サービスの質の源泉・根源ともいえる上記の部分まで後退させる必要がどこにあったのかという点である。労働の質の源泉としての、職員の処遇と雇用の安定を剥奪することなく、民間の活力と競争の仕組みを導入することもできたはずだ。さらに言えば、現在サービスの質向上の成果を上げている「事業者」は、この職員の処遇と雇用の安定があったならば、これらがその足かせにでもなったというのであろうか。そうではなかろう。この労働の質の源泉が担保されていたならば、これ

---

[38]　宮本恭子（2012）「介護供給システムからみた介護職員の雇用環境への影響——社会福祉法人の施設運営をとおして」法政大学大原社会問題研究所『大原社会問題研究所雑誌No.644』PP.59-60

ら「事業者」はさらに目まぐるしいサービスの質向上を果たしていたに違いない。

「人びと」と「事業者」の対立を煽る構造
　人間の基本的人権の尊重にかかる生存保障や最低限度の生活保障の領域において、民間の活力や競争などは、政府の責務に「付加」するべきものであって、それを「代替」するものであっては断じてならない。この点を当時の政府が完全に見誤った帰結として現下の社会福祉の大きな課題が存在しているのだ。つまり、穿った見方をすれば、本来は政府と自治体が担うべき責任を、民間のサービス提供事業者に押し付けている構図としても見て取れる。このことによって、本来協働すべき「人びと」と「事業者」の関係は対立構造へと陥りやすくなる。この点、石倉康次による次の指摘はわかりやすい。

　「利用契約制度化」以降「事業者」に対して、「利用契約事務や請求業務、利用者負担金（給食・日用品費やホテルコストを含む）の徴収事務が新たに課せられることとなる。こうして、事業者は膨大な事務量をこなすうえに、利用者負担金の回収ができない場合の対応も必要となり、滞納金は法人が負担するか、もしくは事業所が当該利用者に利用契約破棄を迫らざるをえないこととなる。これは福祉を必要とする人の権利を侵害する恐れがあり、利用者と事業者との間に新たな壁を生み、福祉サービスの提供者と利用者との共同の関係の成立の妨げにも繋がる」[39]。

　そして、根源的には協働の関係にあるべき「人びと」と「事業者」の対立と分断は、上記に示した本質的な問題点を潜在化させ枝葉末節な議論へと私たちを誘っている。これらの問題のすり替えと皮相化が、人びとの社会

---

*39　石倉康次（2012）「社会福祉施設・事業の経営をめぐる論点と課題」編著：河合克義『福祉論研究の地平――論点と再構築』P.185法律文化社

的権利の減退へと帰結をみることは言うまでもない。

　本節でみてきたように基礎構造改革は、多くの点で人間の尊厳を毀損することに加担してきた。これらの大きな潮流は、顕著に、「人びと」のサービス利用の抑制へと繋がっている。事実、介護保険制度の創設自体が、それまでの措置制度よりも対象者を制限することに多大な"貢献"を果たしてきたとの報告があるのだから。[*40]

政府の責任を再興しつつも民間の活力を付加する

　もちろん、私は、単純に基礎構造改革以前の状態に戻すべきだと主張しているのではない。「自治体」主導の限界点は確実に捉えられるからだ。まず、いわゆる公平性の観点から、「自治体」主導による支援は、個別性に十分な対応ができなくなる。そして、人びとが客体化されることで、主体性と創造性が減退する危険も伴うであろう。大事なことは、民間に委ねてもよい領域とそうではない分野の峻別であり、社会におけるその共通理解にある。現下の社会では、政府・自治体の役割を遮二無二減退させる流れが強すぎて、できうる限りの機能を民間へと移管することが第一義として目論まれている。しかし、今まで叙述してきたように、民間に役割を委ねることによって、むしろ、その質を落としたり、運営自体に支障をきたして

＊40　松田智行・田宮菜奈子・柏木聖代・森山葉子（2013）「介護保険制度導入前後における在宅サービス利用の変化」日本公衆衛生学会『日本公衆衛生雑誌』第60巻第9号 PP.586-595　本論文では、介護保険制度導入前の措置制度下における「サービス利用者」が、2000年4月以降どのように介護保険サービスに繋がったのかを検証している。それによれば、「（措置制度下の）旧サービス利用者のうち、（要支援・要介護認定の）申請をした者は約半数であり、申請した者には、疾患を有する者やIADLが自立していない者がより多かった。このことから、措置制度下では要支援・要介護状態でなかった者が多く含まれていた可能性がある」、「旧サービス利用者のうち、介護保険制度導入後も介護保険サービスを利用していた者は、3割程度に留まっていた」（括弧内は中島）との結論が示されている。つまり、措置制度下で「サービス利用者」であった人びとの内、約3割が介護保険制度下の「利用者」になっているという事実。直言すれば、約7割の「利用者」のサービス抑止が"成功裡"に終わったことを物語っているのだ。

いる事象が顕著に表出しているのが実態なのだ。

　以上のことから、私は、政府・自治体の機能・役割を基礎構造改革以前に近い段階にまで戻しつつも、そこに民間の活力を付加する仕組みを検討すべきだと考える。2010年3月にスウェーデンのストックフォルムのソレンチューナ市のマールス＝リベン介護福祉局長と介護福祉局職員と議論した際、彼らは民間に業務を委託してもそれは費用の削減にはならないと話していた。では、なぜ民間に委託するのか。それは、民間の活力を導入するためであると彼らは答えてくれた。日本の場合は、費用抑制を狙った民間への委託・移管が顕著であり、この考えを改めていく必要がある。とりわけ、人びとの暮らしに直接関与する領域（社会福祉・医療・教育・防災・環境・文化・芸術など）において特に必要な観点である。既に、社会福祉の分野では、政府・自治体の機能と責任を保持したまま、民間の知見を積極的に導入する制度設計を考えるべき段階にきている。事態は、「事業者」の「経営」と、社会福祉人材の確保・定着すらままならない所にまで及んでおり、その結果、介護事業者の倒産件数も増大しているのである。[41]

ソーシャルワークが権利侵害に加担する可能性

　ここでは、新自由主義を背景とした社会福祉基礎構造改革について、人びとの権利擁護の観点から整理を試みた。この様に新自由主義が、人びとの暮らしと、私たちの仕事に如何なる影響を及ぼしているのかについて、より丁寧に検証を重ねることは、現在の、そして、これからのソーシャルワークにとって重大な価値がある。なぜならば、如上の事柄を的確に踏まえた上で、人びとの尊厳保障に対する阻害構造に批判的な視点を含意して

---

[41] 「介護事業者倒産　最多　昨年108件、人手不足深刻」『毎日新聞』大阪朝刊2017年1月12日「2016年の介護サービス事業者の倒産件数（負債額1000万円以上）が108件に上り、介護保険制度が始まった00年以降で最多となったことが11日、東京商工リサーチのまとめで分かった。（中略）同社によると、倒産件数は過去最多だった15年（76件）比42.1％増と急拡大。負債総額も94億600万円（前年比47.2％増）と大幅に増えた」。

実践を展開しなければ、私たちは、ソーシャルワークの本来の目的から大きく乖離した結論を各地で生み出しかねないからだ。

　以上の社会構造を度外視して、単に人びとに焦点化した支援を行ってしまえば、ソーシャルワークが社会の本質的問題を埋没化し、さらにはガス抜きや「ソフトな警察」として機能することになりかねない。この「ソフトな警察」という言い回しは、イアン＝ファーガスンが記した『ソーシャルワークの復権』から引いたものであるが、イギリスにおいても、新自由主義のもと、ソーシャルワーカーが元来の権利擁護の担い手としてではなく、「社会統制の主要な一形態」としての「ソフトな警察」に凋落しているとの主張がなされている。

　「ソーシャルワークのラディカルな批判における最近の議論で、暗黙のうちにも明白なのは、社会正義にねざしたソーシャルワークの専門性が消失し、抑圧や不平等に挑むソーシャルワークに失敗しているという見方である。反対に、貧困者や貧困と彼ら／彼女らが経験する諸問題ゆえに苦しめられた人たちを非難しようとする権力者をソーシャルワーカーは激励しているとされている。これまでにも言われてきたように、このような見方は自明のものではない。ソーシャルワークはそのほとんどの歴史において、国家によって社会統制の主要な一形態とみなされ、彼ら／彼女らが行使する技術においてのみ『ハードな警察官』とは異なるだけの『ソフトな警察官』だとみなされてきた。それはソーシャルワークサービスの終焉を受け入れた人たちが経験したことである」[*42]。

　また、「そのほとんどの歴史において、国家によって社会統制の主要な一形態とみなされ」てきた顕著な例も挙げている。

[*42]　イアン＝ファーガスン（2012）『ソーシャルワークの復権　新自由主義への挑戦と社会正義の確立』（石倉康次・市井吉興監訳）PP.32-33 クリエイツかもがわ

「その最も極端な形態は、ソーシャル・コントロールの権限が、過去一世紀にわたりオーストラリアにおいて、先住民のアボリジニの子どもたちを家族から強制的に引き離し、子どもたちを白人の施設や白人家庭に移住させることがソーシャルワーカーの仕事として認められていた。また、1930年代のナチス・ドイツにおいて、ソーシャルワーカーは、『アセスメントとカウンセリング』の技術を国家の『健全な資源』としてみなされない者を選別するために行使し、『収容、避妊手術、国外退去等の対象となった者が、そのような措置を感情的に受け入れる』ことを手助けした」[*43]。

　これらのことは、「新自由主義批判の狙い」の一つ目であるソーシャルワークが「新自由主義を弥縫(びほう)する道具であってはならない」ことと連動する。例えば、スクールソーシャルワークの領域において、不登校の問題を、その児童の内部にあるコミュニケーション力やストレス耐性、思考や行動、もしくは、家族関係からなる家庭環境にのみ限定し、かつ、仮にこの支援方法が"成就"したならば、学校の組織体制や文部科学省の制度・政策的な瑕疵は全く不問に付されることになる。結果、目の前の児童は"救えた"ことになったとしても、社会構造や政策的課題は却って温存され続けることで、他の多くの児童が抱える同様の問題は一向に解決することがないばかりか、今ある構造上の問題を更に進捗させてしまうことへの加担を果たしかねない。また、これら問題の責任を不登校児個人もしくはその家族にのみ押し付ける風潮をつくりあげることにすら"貢献"してしまうだろう。更に挙げれば、生まれつき重度の聴覚障害児に、社会へ馴化（一般的には「適応」などと呼ばれている）させるべく、手話言語ではなく、個別性を度外視して音声言語の習得を至上とした支援のあり方などは、当の児童にとっては、不毛であるばかりか悪弊でしかない例なども散見される。『障害学への招待』で、金澤貴之は以下のように論じている。

＊43　イアン＝ファーガスン（2012）『ソーシャルワークの復権　新自由主義への挑戦と社会正義の確立』（石倉康次・市井吉興監訳）P.33クリエイツかもがわ

「(大正期に入って)日本の聾教育は一気に口話一色となっていった。同時に手話は口話を妨げるものとして排除された。口話法を行うことによってしゃべれるようになるという主張は、聾教育界に福音をもたらしたかのように思われた。(中略)聴者にとっては、可能であるならば聾であってほしくはないし、しゃべれるようになってほしいと願う。つまり自分に近い存在であってほしいと願う。一方、手話というものは聴者が通常用いることはない手段であり、それは口話が可能でないからこそ、やむを得ず用いていた手段にすぎない。しかし、口話法によってはたしてすべての聾児がしゃべれるようになったのかといえば、そう上手くはいかなかった。実際には一部の子どもの『成功』例を除いては、しゃべれるようにならなかった。加えて口話法を行うためには、子どもと親に相当の負担を強いることになり、しゃべれること以外のことを犠牲にしなければならなかった。つまり、聾児がしゃべれるようになるということは、他のあらゆることを犠牲にしたとしても、なおかつ実現が困難な、極めてリスクの高い方法であった[44]」(括弧内は中島)。

この様に個人の困難を、社会の構造上の問題と結合して捉えることのできる視野の広い展開がソーシャルワークには求められている。この見地から論じれば、障害者の就労支援の問題も、社会における就労そのものが有している構造的な課題の克服を経ずして本質的な解決をみることは無いといえるであろう。つまり、労働を商品化し、生産性と効率性、競争原理に傾注した普遍的な就労の在り方そのものがまず問われているのであり、この根源的な瑕疵を乗り越えない限り障害者の就労支援は成就しないといえる。まさに、ジョン=ラスキンが主張しているように、労働者の業務時間と労力を基盤に、商品とサービスの価値(価格)を定めるなどの仕組みが

＊44　金澤貴之 (1999)「聾教育における『障害』の構築」編著：石川准・長瀬修『障害学への招待』PP.199-200 明石書店

普遍的労働に構成されない限り、労働自体の商品化・廉売化が伸展し、更に弱い立場に置かれた障害者はより搾取の対象となり得るし、労働の機会すら奪われることになるからだ。[*45]

　現在この就労支援の現場で、世間から評価を得ているものの多くは、この労働そのものにおける根源的問題を等閑に付し、その構造のもとでの競争を制したものがほとんどである。これらの実践は、この潮流を推し進める人びとからは称賛され、模範や手本として仕立て上げられるのだが、この「就労」の本質的問題を黙殺し、むしろ問題を強化していることにも着眼しなければなるまい。もちろん、これら「成功事例」は、現下の社会構造のもと、なんとか障害者の就労の場を巧みに構築していこうとする情熱と労力、技術を基盤に有するものであり、否定されるべきものでは断じてない。ただ、優れた実践に対する称賛の陰で、本質的な問題がかえって強化されてしまうもう一つの側面を忘れてはならない。

　これらの事は、とりわけ、体制批判の立場が取りにくい公立病院・学校や矯正施設、児童相談所、福祉事務所などの公的機関に所属するソーシャルワーカーは、絶えず肝に銘じておくべきだろう。

　本来人びとの権利を擁護するために、社会環境を調整し変革するはずの私たちの取り組みが、社会の問題ではなく、人びとの個人的な課題へと焦点化するあまり、社会構造を加速度的に悪化させることに皮肉にも貢献してしまう可能性は払拭できない。私たちの活動が、公的責任の更なる逃避や、地域における根源的問題の埋没化に寄与することで、社会における新自由主義の円滑な伸張に貢献するとしたならば、それはソーシャルワークの自殺行為である。

　ただし、このことからの脱却は、ソーシャルワーカーが、社会構造を的

[*45]　ジョン＝ラスキンは次の様に述べている。「（前略）つねに他のものの価値を労働の量によって算定しなければならないのであって、労働の価値を他のものの量によって算定すべきではない」。ジョン＝ラスキン（2008）『この最後の者にも　ごまとゆり』（飯塚一郎・木村正身訳）P.140中央公論新社

確に理解することを前提に、ミクロ・メゾ・マクロ領域を一体化した展開をしていくならばある程度は達成されていくと思う。ここで大事なことは、ソーシャルワークの価値に準拠して社会を捉えるということだ。この価値を喪失することによってこそ、私たちの仕事は、より新自由主義への加担を遂げることになるだろう。そして、現下のソーシャルワークにおいて、知識や技術と比較して、最も脆弱なのがこの価値であると思う。

よって、この価値に依拠した実践を徹底すれば、たとえミクロにおける実践であっても、「新自由主義への加担」から脱却することができるであろう。だだし、この場合、その「徹底ぶり」が問われることになる。一例を紹介すれば、作業療法の分野から「障害受容」の概念を再検討する動きがある。田島明子らによれば、「障害受容」が、社会が捉える「障害」に含意されているマイナスのイメージを障害者に自覚させてしまうことや、障害者に対して、専門職の訓練や家族、地域社会への適合に資するために用いられることがあると指摘し、その上で、逆に社会は、障害者をどのように受容しているのか、との重要な問題を提起している。[*46]

このように、真に権利擁護の価値に則れば、個別支援を追求することによってでも、私たちは、ソーシャルワークの目的に反する社会構造への加担から一定程度は免れることができるだろう。逆説的に言えば、ミクロ・メゾ・マクロのどこを出発地にしたとしても、私たちの支援を必要とする人びとの権利擁護に対する意志を貫徹することこそが最も重要であると言

＊46　田島明子（2009）『障害受容再考 「障害受容」から「障害との自由」へ』三輪書店・田島明子編著（2015）『障害受容からの自由――あなたのあるがままに』P.218 シービーアール　本書では「障害受容」に対する提言として以下の4点を挙げている。「一、完全に『障害受容』することなどできない。二、専門家・支援者は『障害受容』は対象者に絶対に押し付けるな！　三、専門家・支援者は『障害受容』を求めるのではなく、サービスの選択の少なさや障害に対する負の烙印を問題視すべきである。四、『障害受容できていない』と思わせる人は『孤立した状態にいる』と捉え、行為レベルで一歩でも踏み出し、その人にとって希望の感じられる仲間（もちろん自分がなってもよい）やその人にとっての目前の課題をクリアできる支援につながるよう働きかけよう」。

えるのである。

　またこれら営みは、狙いの二つ目、ソーシャルワークが「新自由主義に代わる新たなあるべき社会を構築する潜在的な力」を発露するためのとば口にもあたる。以下、「ソーシャルワーカーが、社会構造を的確に理解する」ために必要な論理について検証する。

●社会構造を「人びと」の視座から捉える
　── ソーシャルワークにおける社会変革の勘所

「普通」や「常識」を疑え!

　いま社会から求められているソーシャルワークとは、社会構造を的確に、かつ批判的に捉えた上で、人びとの暮らしの支援を展開するものでなければならない。そこで、議論の俎上に載せざるを得ないのは、この社会構造の捉え方そのものである。ソーシャルワーカーが、社会変革を促進する際、その前提として社会をどのように認識しているのか、その内容如何によって社会変革の在り方は大きく変わってしまう。また、実践の拠り所とすべき社会正義についても、捉え方を間違えると誤った社会変革を促進してしまいかねない。実際に、侵略や戦争時においては、人を殺すことこそが正義であると認識されてきたし、昨今でも、アメリカのジョージ＝ウォーカー＝ブッシュ政権により、「正義の戦争」としてイラク侵攻は始まっている。

　これほど重要なテーマであるにもかかわらず、ソーシャルワークが、社会をどのように捉えるべきかの議論は等閑に付されてきた[*47]。このことに

＊47　田川佳代子によれば、「社会正義はソーシャルワーク実践に中心的なものである。だが、どのような社会正義をソーシャルワークは支持するのか、これについてはこれまで明確にされてきたとはいえない」とし、「正義に関する理論がどのような正義の構想に依拠するかを曖昧にしておくことは、実現しようとする正義を玉虫色のものにする。社会正義の広範な理論の検討を踏まえ、ソーシャルワークが擁護する社会正義とは何か、ソーシャルワークにおいて限りなく実現しようとするものは何であるべきか、議論の輪郭を描く必要がある」と指摘する。田川佳代子（2015）「社会正義とソーシャ

ついては、限られた紙幅をさいてでも、論じておかなければならない。ソーシャルワークの価値に基づいた社会構造に対する共通理解は、私たちの実践における生命線そのものであるといえるからだ。

　ここでは、まず、ソーシャルワークが「社会構造を的確」に捉えることには3つの視点が重要であることを強調しておく。言うまでもなく、この3つの視点の根底にはソーシャルワークの価値が位置付けられていなければならない。

①私たちの支援を必要としている人びとから捉える。
②国と民族を越えた空間的広範性。
③世代を越えた時間的連続性（長期的な関係性）。

　中でも最も重要な観点は、①の私たちの支援を必要としている人びとから捉えた社会構造でなければならないということにある。目の前の要援助者に向き合う以上は、必然的にそうなるはずなのだが、前述した様にその「徹底ぶり」が脆弱であればそれは「必然」とはなり得ない。なぜなら、ソーシャルワーカー自身も社会化されている以上、意識・無意識の如何を問わず、人びとを排除しているこの社会構造からの影響を多分に受けているからである。ここにソーシャルワーカーが、根源的に克服すべき第一のジレンマがある。

　個人の権利擁護を貫徹した実践を果たすには、まず、ソーシャルワーカー自身がこの「影響」から解放される必要があると思う。もちろん、社会化されている私たちが、そこから完全に解放されることなどあり得ない。例えば、教育哲学者のジョン＝デューイは社会的環境と私たちの関係を以下の様に定義している。

「社会的環境は、一定の衝動を呼び醒まし、強化し、また一定の目的を
────────
ルワーク倫理に関する一考察」日本社会福祉学会『社会福祉学』第56巻2号PP.1-2

もち、一定の結果を伴う活動に、人々を従事させることによって、彼らの中に知的および情動的な行動の諸傾向を形成する」。[*48]

　しかし、最低でも、「影響」を多分に受けているという自覚と、この「影響」がソーシャルワーク実践にどのような弊害をもたらすのかについては予め理解しておく必要があるだろう。少なくとも援助活動に甚大な支障をきたさぬ様、ソーシャルワーカーには絶えず社会構造と対峙する姿勢が求められている。そして、これらのことは、ソーシャルワークの過程と結果に最も多大な影響を与えるという意味において、ソーシャルワークの第一義的基盤を成すものであると言える。であるにもかかわらず、意外なことに、このようなソーシャルワーク教育を、見聞したり、また直接触れた経験が私にはなかった。この問題を克服することこそが、本書の中核的テーマであり、また真骨頂であると私は考えている。
　言わずもがな、社会構造を客観的に捉えることは難しい。いや、そもそも不可能である。社会のどの事実に関心があるのかは、人によって当然異なり、ある人がどこかの部分に着眼した時点でそれは客観的ではなくなってしまう。これまでに叙述してきた新自由主義も、社会の一部の事実を切り取って解釈を加えた偏向した思想でしかない。もちろん、これに反対を表する意見も然りである。100人いれば100通りの事実があり、そこには100個の主観、つまり偏向が存在するのだ。そして、この事こそが真実であるといえる。ジャーナリストの本多勝一と籔下彰治朗も以下の様に述べている。

　「いわゆる事実――絶対的事実というものは存在しないということです。真の事実とは主観のことなのだ。主観的事実こそ本当の事実である。客観的事実などというものは、仮にあったとしても無意味な存在であります。（中略）そして主観的事実を選ぶ目を支えるのも、問題意識を支える

＊48　ジョン＝デューイ（2013）『民主主義と教育（上）』（松野安男訳）P.35岩波文庫

のも根底は、やはり記者の広い意味でのイデオロギーであり、世界観ではないでしょうか。全く無色の記者の目には、いわゆる客観的事実（つまり無意味な事実）しかわからぬであろうし、その全風景を記録することが前述のように不可能である以上、もはや意味のある選択はできずに、ルポ自体が無意味になります。（中略）ジャーナリストは、支配される側に立つ主観的事実をえぐり出すこと、極論すれば、ほとんどそれのみが本来の仕事だといえるかもしれません」[*49]。

「報道に今唱えられているような『客観性』や『中立・不偏不党』は時に有害でさえある。それよりも、常に相対的に弱い側に立つ志が、今ジャーナリストに最も必要では無かろうか。言論・表現の自由にしても、福祉にしても、快適な暮らしにしても、あらゆる価値は、強者の側では、常に保護され、確保されている。そんなものを取り立ててジャーナリズムが擁護する必要はさらさら無い。多くの読者、視聴者は、現実には相対的弱者である。その立場に立つためには、確固とした理念を持ち、それを貫く志を必要とする。これは本人に取って恐怖と危険に満ち、そして苦しく、およそ立身出世を遠ざける道である。だが、会社幹部を目指すのならともかく、真にジャーナリストでありたければ、避けて通れないコースである」[*50]。

また、一見客観的に思われがちな言語ですら、その人間の経験や価値、文化による捉え方の違いが指摘されている。言語社会学者の鈴木孝夫の以下のくだりを挙げておく。

[*49] 本多勝一（1968）「事実とは何か」（1995）『本多勝一集18 ジャーナリスト』PP.22-24朝日新聞社
[*50] 籔下彰治朗（1995）「ジャーナリズムの志」『本多勝一集 18 付録13』PP.2-3朝日新聞社

「純自然科学的な概念は別として、社会科学や人文科学の分野で用いられる概念の大部分は、特定の社会や文化に見られる各種の事実や現象に基づき、概念化され形式化されたものである。この意味では多分に経験的な性格をもっているものと言えよう[*51]」。

　それでも、社会に「客観的な事実」なり、いわゆる「真実」、「普通」や「常識」、「公理」というものがあるかのように私たちが錯覚を起こしてしまうのは、一つは、権力構造や市場原理が背景となることで、少数事実・意見であるにもかかわらず、それらが社会を席巻してしまっているためであり、二つ目に、既存の社会の秩序や規範に馴化させることに重きをおいた誤った教育のあり方に起因しているものと考えられる。
　社会的に優位な立場にある一部の人びとの事実は、それがまるで客観的事実であるかの如く敷衍される傾向がある。例えば、宣伝広告費を主な収入源としているテレビ・新聞・インターネット各社は、広告主の意向を度外視できない（新聞はこの点、読者による購読料が収入源に挙げられるが、新聞とテレビ・インターネットは系列化しているので新聞もここから自由たりえない）。であるならば、原子力発電や電磁波、界面活性剤の安全が、「神話」ではなく、「真実」であるかの如く普遍化してしまっていることにも説明がつく。よってこのことは、資本主義社会の力学とは無関係な話ではない。
　権力側からみた事実の普遍化については、昨今の例を挙げて説明すれば、2015年4月に自民党の情報通信戦略調査会がNHKの堂元光副会長とテレビ朝日の福田俊男専務を呼んで、看板番組についての説明を聴いたことや、2016年2月の衆議院予算委員会で高市早苗総務大臣が放送法第4条を取り上げて、「放送局が政治的な公平性を欠く放送を繰り返したと判断した場合、電波停止を命じる可能性に言及した[*52]」ことなどを思い出せばわかり

---

*51　鈴木孝夫（2014）『ことばと文化』P.125 岩波新書
*52　『毎日新聞』2015年4月24日

やすい。憲法21条の表現の自由を前提に考えても、放送法第4条は飽く迄も報道機関の倫理規範・自己規制の範疇に過ぎない。加えて、先から示してきた通り、そもそも偏向していない報道など物理的・理論的に不可能である。この意味において、政権寄りの報道をしている報道機関も、政権批判を展開している報道機関もいずれも等しく偏向しているといえる。以上のことを総じて考えると、ここで政府が述べている「公平性を欠く放送」とは、全ての偏向報道の中にあって、政府を批判する報道だけを指していることに疑いの余地はない。

また、権力を背景とした「少数事実・意見の席捲」は言語や文化においても当てはまる。先の鈴木孝夫も次のように述べている。

「私たち日本の学者そして知識人の使用するこの（社会科学や人文科学）分野の概念は、多かれ少なかれ西欧に由来するものが多いことは否定できない事実である。従ってこのような概念は、その価値のよりどころを西欧的現実に置いているのであって、その意味では概念それ自体が、それだけ客観的に独立した存在として直ちに普遍的な価値を持っているわけではない。それにもかかわらず、少なくとも私の見る所では、これらの西欧起源の諸概念が、いつの間にか普遍的な尺度の性格を持つものとして、私たち日本人に受けとられていることが少なくないようである」[54]（括弧内は中島）。

その他、芸術やファッションの領域のおいても、世界の主流は西洋文化にある。アニメは日本のお家芸の一つだと言われているが、登場人物の容姿を見れば、その目鼻立ちなどは明らかに、アジア人を模倣したものは少なく、西洋人の特に白人を意識したものになっていることが多い。「少数事実・意見の席捲」の実態について更に幾つか例を挙げてみると──、最近

---

[53] 『朝日新聞』2016年2月9日
[54] 鈴木孝夫（2014）『ことばと文化』PP.125-126 岩波新書

「普通」に使われている「ブラック企業」という言葉があるが、「ブラック」が悪で、「ホワイト」が善という価値観は一体どこから来ているのであろうか。一昔前によく用いられていた「表日本」や「裏日本」、国内移動の際の「上り」と「下り」は何処を基準に定められているのか。「コロンブスのアメリカ大陸発見」における「発見」は一体誰が何を発見したのか。旧大陸と新大陸の違いは何か。多くの人びとに世界共通語としてイギリス語が認識されているのはなぜか——、など枚挙に遑がない。

　このように、社会には優位的価値基準が存在し、それが「普通」や「常識」として認識されているのだと思う。しかし、この優位的価値基準そのものが一部の人びとによる主観であり、偏重した理論に依拠しているのである。

　二つ目の「誤った教育のあり方」についてであるが——、もちろん、少なくとも同じ社会を構成し、共に協働した暮らしを送っているのであれば、そこに言語や文化、習慣、思想を含めた共通理解がなければ社会は成立しない。人びとが、生まれながらの衝動と、身近な社会集団における生活習慣の両者を一致させることができなければ、その社会集団における共通理解はなされないため、そこで教育の役割が浮上してくる。

　しかし、真の教育の役割は、人びとの個性や能力を既存の秩序・習慣などに適応させることのみではなく、人びとが新たな秩序と習慣を構築することをも視野におさめた両者の相互作用の積みかさねにより、お互いが共通の理解を再構築していくことにある。この様にして形成された共通理解は、人びとの互酬性や信頼関係の形成においても不可欠なものである。だが、この様な真の教育への志向が減退し、社会環境への適応を超えた、むしろ馴化することを目指した教育が蔓延していることによる悪弊が、「客観的事実」や「常識」「普通」に対する錯覚と追従を引き起こしている。少なくとも、元来教育は、「常識」や「普通」がつくられたものであり、そうである以上、つくりかえることが可能なものであることの共通理解を促進するものでなければならないはずだ。

　このように、事実は、人の数だけ存在するということこそが真実であり、

いわゆる客観的事実は、ある一部の人びとからみた主観的事実でしかない。ソーシャルワークに求められる社会観は、この在りもしない客観的事実に対してではなく、却って、如何なる価値に準拠した事実であるのかに照準を合わせるべきなのだ。ここでいう「事実」とは、ソーシャルワークから摑んだ主観的事実であることは言うまでもない。これからのソーシャルワークは、むしろ、誰に主観を置き、どのような価値を拠り所に捉えた事実を起点に展開しているのかを明示していく必要がある。

真に均衡を保つとはどういうことか──「価値」に軸足を置いた実践を

　ここで、ソーシャルワークの領域に当てはめて以上の事柄を整理しておく。私たちは、ソーシャルワーカーが、多様な意見・立場のバランスを取ろうとするあまり、却って、自らの社会的責任を忘失・喪失してしまうことになりかねない事実に目を向けるべきではないか。ゾフィア＝T＝ブトゥリムによれば、ソーシャルワークにおける「社会society」の捉え方の不明瞭さが、社会的機能を対象としているソーシャルワーク実践そのものを曖昧にしているとの指摘がある。このことはもっともだと考えるので、冒頭からこの整理を試みてきた。しかし、ブトゥリムは、ソーシャルワークには、社会的ケアと社会的コントロールの双方が求められており、このアンビバレンスを受け止めて実践を展開しなければならないと言っている。

> 「たとえば、精神遅滞者やある種の犯罪者に対するコミュニティ・ケアの公的な政策も、自分たちの地域にホステルをもってくる計画に対して地元の市民グループから反対があったりして、実現が非常にむずかしい場合がしばしば生じている。しかも、自分たちの家の近くに、いわゆる『社会的逸脱者social deviants』のグループが住むことに対して、反対し、恐れている同じ人びとが、政党や所属教会といった他の脈絡では、一般論として、このような開発に賛成の『進歩的progressive』『人道主義的humanitarian』な見解を表明することもまれではない。したがって、ソ

ーシャルワークに対して社会から付託された権限の明確さに注目する場合、もうひとつの非常に重要な要素は、アンビバレンスということである。さまざまな個人や集団の態度に表われている社会は、親切でもあるし、懲罰的でもある。恵まれない人びとや、何か特別なハンディを負わされている人びとに対するわれわれの感情は、入り混じったものなのである。(中略)最初に、もっとも明らかなことであるが、ソーシャルワーカーが、ケアすることとコントロールすることの両方にかかわり、しかもこの二つが、相容れないものではなく、補足しあうものであることを認め、受け入れることが必要である」[*55]。

つまり、多くの人びとには、ある「人びと」を排除することと支援することの双方の社会に対する要請があり、ソーシャルワークにはその両方を理解した実践が必要であるという主張である。ここまで読んで頂ければお分かりのように、私の主張は、この考え方を真っ向から反駁するものである。つまり、ある「人びと」を排除(「コントロール」)してしまう流れと、支援(「ケア」)しようとする流れの強さは残念ながら同等ではない。これまで説明してきたように、現下の社会は特定の人びとの意向が有利に展開される土壌が強固に備わっている。その社会構造の本質を度外視して、「排除」と「支援」の双方に均衡をはかって着眼するという姿勢は、一見、公明正大で潔く思えるのだが、力強く「排除」(「コントロール」)の側に加担することへの帰結を見るであろう。

　ゲオルク＝ジンメルは言う。

「あらゆる現実的な共同社会の実際の量的な限界づけにもかかわらず、重要な一連の限界づけが存在する。その内的な傾向は、排除されていない者は包括されているということである。一定の政治的、宗教的、身分

[*55] ゾフィア＝T＝ブトゥリム(1986)『ソーシャルワークとは何か　その本質と機能』(川田誉音訳) PP.150・151・155・156 川島書店

的な円周内において各人は、たいていは自発的ではないにしても、彼の生存によってあたえられた一定の外的な諸条件を満足させ、ただちに『それに所属している』と考えられる。たとえば国家領域のなかに生まれた者は、特別な状態が彼を例外としないばあいは、幾重にも複雑な国家団体の成員である。一定の社会階級の所属者は、自発的あるいは非自発的に局外者とならないばあいは、もちろんその階級の社会的な因襲と結合形式のなかへ引き入れられる[*56]」。

つまり、「排除されていない者は（排除する側に）包括されている」（括弧内は中島）と捉えるべきであり、この重要な事実がブトゥリムの脳裏には置かれていない様である。つまり、ブトゥリムの論は、この前提となる社会構造を黙殺している点において、欠陥がある。事実、ブトゥリムの主張からは、これら「排除」と「支援」の関係を人びとの内部にある問題と捉える傾向が強くうかがえる。しかし、そもそも、人びとが社会化している以上、人びとのこの両義的言動の背景には社会構造があり、その影響を多分に受けた結果として捉えるべきものだ。誤解を恐れずに言えば、ブトゥリムのこのような考え方は、イギリスのソーシャルワークが、専ら公的機関に所属して展開されている実態から生成されているのではないだろうか。彼女自身の述懐をたどれば、その思いはいっそう強まる。

「英国のソーシャルワークは、アメリカ合衆国とは違って、ごく初期の頃から、さまざまな公的組織に欠くことのできない一部となっていた。つまり、最初は総合病院と簡易裁判所に、次に精神病院と児童相談所にとりいれられ、その後、福祉国家の形成とともに、しだいに、地方自治体の児童局、福祉局、保健局や教育局など、多くの公的機関にとりいれられるようになったのである。このように、英国のソーシャルワークは、

＊56　ゲオルク＝ジンメル（1999）『社会学　社会化の諸形式についての研究（上）』（居安正訳）P.409白水社

公的機関と強く結びついていた。そのことから、ソーシャルワークの機能は、『主管host』機関と、その機関が最終的な責任を負っている法律、中央政府、地方自治体など、諸社会制度のもつ価値観や政策、および世論によって、たえず大きな影響を受けていることがよくわかる。多くの民間の家庭福祉機関で働くアメリカのワーカーたちとは違って、英国のソーシャルワーカーには、専門職としての自律性の範囲が狭かったのである」[*57]。

思い起こせば、2012年5月にスウェーデン・ストックホルムにおいてエシュタ＝シューンダール大学の神学及びソーシャルワークを専門としているエリック＝ブレンバリイェル教授と意見交換をする機会があった。その席で、スウェーデンのソーシャルワーカーは社会変革に熱心ではないと語っていた。1920年代などの変動期には社会変革の実践は見られたが、今では影を潜めているというのである。言うまでもなく、スウェーデンは国民の約3割が公的機関に勤めている大きな政府が特徴の国だ。

であればこそ、日本のソーシャルワークにおいても、この公的機関との関係のあり方が、ソーシャルワークに多大な影響を及ぼしていると言えるし、この公的機関で働くソーシャルワーカーはもとより、公的機関と委託など緊密な関係にあるソーシャルワーカーは、この力動が、実践にもたらす影響に絶えず注意を払い続けなければならないと言えるだろう。

では、私たちは、どの主体から社会をとらえるべきであろうか。先に引いた「ソーシャルワーク（専門職）のグローバル定義」にもあるように、ソーシャルワークの使命は、社会の構成員としての責任を含意し、社会正義と権利擁護を基本的価値に据え、人びとのエンパワメントと解放を促進することにある。であるならば、この指針に則り、私たちの支援を必要とする人びとの目線で私たちは社会と向き合う必要がある。図1-4に示すよ

＊57　ゾフィア＝T＝ブトゥリム（1986）『ソーシャルワークとは何か　その本質と機能』（川田誉音訳）PP.3-4 川島書店

うに、社会構造を「私たちの支援を必要とする『人びと』」の視座からとらえていかなければならないのだ。

無論、その根底にはソーシャルワークの価値が据えられていなければならない。この価値から離れてしまうと、いくら私たちが

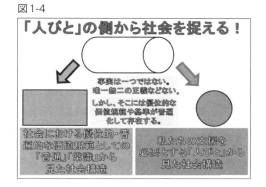
図1-4

「人びとの目線」で社会を捉えたとしても、その実践は、ソーシャルワークではなくなってしまうからだ。そして、この特定の価値を抱いた実践を展開することに躊躇する必要もない。あらゆる実践には価値が含意されている訳だから、そもそも、客観的事実に依拠した実践など皆無であり、反社会正義に依拠したソーシャルワークを想像するまでもなく、価値を見誤り方向を見失えばそれは逆に害悪でしかないからだ。しかし、今まで見てきたように、そもそも、「人びとの目線」で社会を捉えることと、社会正義や権利擁護といったソーシャルワークの価値は整合する関係にある。この意味において、双方は、車の両輪の関係であり一体化して機能するべきものであるといえるだろう。つまり、「人びと」の視座から社会を捉えること自体も、ソーシャルワークの価値の重要な一部として含意しておかなければならない。

マクロ領域の認識があれば、社会変革は促進されるのか？

しばしば、ソーシャルワーカーが社会変革から遠ざかっている要因は、マクロ領域の視座が稀釈しているからだとの指摘がみられる。ソーシャルワーカーの視野が狭いため、社会構造を把握することが難しく、よって社会変革を志向した取り組みが進まないというものだ。次の「②国と民族を越えた空間的広範性」の箇所で説明するように、現在のソーシャルワーク

にマクロ領域の実践と視点が希釈していることは事実であるし、このように社会そのものを捉える視点が希薄であるがゆえに、社会変革にかかる実践が伸張しないというという理解の仕方はあながち間違いではない。

　しかし、私は、ソーシャルワークに社会変革の実践や研究が進展しない要因を、むしろ、このソーシャルワークの価値や、これに含まれる「『人びと』の視座から社会を捉える」という拠り所が捨象されていることにこそ求めるべきであると考えている。このことは、幼い頃から「グローバルな視点」をもって暮らしてきた人間が、必ずしも、社会の本質を捉えきれているわけではないという事実を見れば理解がしやすい。却って、この様な人は、富裕層であることが多く、「排除する側」に包括されている可能性の高い人びとであるがゆえに、「排除される側」の視点や論理が理解しがたい側面がある。その結果、ソーシャルワークの価値とは離反した思想を含意している人びとが多くいる場合もある。この点で、本多勝一の指摘は、ソーシャルワーカーが社会と向き合う際の参考として大いに役立つ。若干長文となるが以下に引いておく。

　「日本でアメリカ人が（敗戦にうちひしがれた日本で占領軍としてのアメリカ人が）説くアメリカ像は、アメリカを見た日本人の説くアメリカ像によって訂正が加えられたであろうか。この場合、とくに問題なのは留学生であろう。旅行者が表面的観察によるショー＝ウインドー取材に陥りやすいのは当然であり、ビジネスマンが商用以外に関心が薄くなりがちなのも仕方がない。（中略）しかし留学生は、一年なり二年なり滞在して、アメリカの内部をじっくり観察できる。またそれ自体が、留学の目的のひとつでもあろう。帰国してそのアメリカ像を日本人に伝えるとき、長期滞在という経験的重みによっても、説得力は強く、したがって最も影響力が強い。だが、そうした人々によっては、日本でアメリカ人が説くアメリカ像は、ほとんど訂正されなかった。いうまでもなく例外はある。（中略）しかし平均的大衆としての日本人のアメリカ像は訂正されな

かった。それどころか、留学生の中には、日本でアメリカ人の説いたアメリカ以上に、もっとアメリカ人的なアメリカ像を説いた者もいる。数学的厳密さでいえば、むしろこのほうが、パーセンテージの上で多いかもしれない。(中略) 巨視的にみれば、次のような流れを認めることができる。すなわち、私費留学のできるような層は、日本における社会的地位がすでに支配層にあり、また官費留学をする人々の多くは、いわばエリートとしてのエスカレーターに乗った者であるために、『存在が意識を決定する』論理にしたがえば、これらの留学生の目が、支配者としての目になりがちなのは当然であろう。そうならぬ者がむしろ例外的存在と化すのも従って当然である。支配者の目・権力側の目を持った者が、アメリカで被抑圧者の側に目を向けることはあり得ない。当人はむろん意識的にそうしているのではないが、良心的留学生でも、接する範囲はほとんどの場合大学の知識人や学生を中心とする狭い世界にすぎず、黒人やスパニッシュ系を中心とする被抑圧者の膨大な層には接していない。大学を中心とする世界では、人種的偏見は否定され、民主主義は花咲いているかにみえるが、南部にその典型をみるような『善良で偏見に満ちた普通のアメリカ人』が、心底で日本人をどう考えているかには、彼らは無知のまま帰国する」[58]（括弧内は中島）。

つまり、視野を広げるだけでは、物事の本質を捉えることができないということである。そして、マクロの視点を取り入れるだけでは、ソーシャルワークの社会変革も伸張しないであろう。よって、重要なことは、ミクロ・メゾ・マクロどの領域に着眼するのかではなく、どの領域であれ、誰の視点で、どのような価値に則って仕事をするのかにある。図1-4をみても分かるように、社会を捉える際の客観的事実などこの世には存在しない。重要なことは、どの立ち位置から社会を捉えるのかにある。その視座が変

---

[58] 本多勝一（1970）「やはりアメリカを弁護できない」本多勝一（1982）『殺される側の論理』PP.62-64 朝日文庫

われば、私たちの社会は全く異なって見えて来るのである。

　昨今の出来事で言えば、「感動ポルノ」という言葉がある。これは、オーストラリアの障害者人権活動家・ステラ＝ヤングが、2012年にオーストラリア放送協会のウェブマガジン『Ramp Up』で用いた言葉であるといわれている。日本では、24時間テレビやパラリンピックに象徴されて用いられたが、障害者が、様々な困難を、努力して乗り越えるその姿を横目で見て感動を覚えるというところに根源がある。また、この「感動ポルノ」を好意的に見ている人びとからは、いわゆる健常者から見た際に、感動を覚えるにとどまらず、この感動を通して障害者を自らと同じ人間として再認識することや、その支援の在り方を理解することに繋がるといった反応もみられる。

　しかし、当然ながら、障害者からみた「感動ポルノ」は、実に差別的であり、排除の理論で成り立っていることについて疑いの余地はない。実は、このことは、「スカパー！」が制作する「ニュースザップ」という番組の中で議論をした経緯がある（2016年9月21日17：55-20：00）。恐らくこの本の読者には、改めて説明の必要はないかもしれないが、このソーシャルワークの視座や価値の議論を深めるためにも若干の補足をしておく。

　特に、障害分野における「障害」の捉え方は、社会モデルで認識することが通説である。つまり、障害者であるがゆえに、障害者が直面している困難は、社会環境（制度・サービス・関係等）の不備をその第一義的要因として認識するものである。この観点に拠って立つならば、障害者が乗り越えようとする困難は、「健常者」が構成している社会環境そのもののあり方にあるといえる。つまり、この「困難」を構成しているのは、ほかならぬ「健常者」自身なのである。

　このように自らが、障害者の困難を創出しておいて、その困難を障害者が乗り越える努力をしている姿を傍目に見て感動を覚えるというのは、障害者からみれば、「健常者」による滑稽な自作自演にしかすぎない。また、それは完全なる「上から目線」であるし、差別と排除の理論を背景として

いる。これが、差別であり、排他的理論で成り立っていることにピンとこない人もいるかも知れない。しかしそれは、この「差別意識が現代社会において余りにも常識化しているからである」[*59]。

これに対して一つ例を挙げるならば、2016年のリオ・パラリンピックに出場したドイツ人マルクス=レーム選手の例がわかりやすい。彼は、2014年7月のドイツ陸上選手権の「走り幅跳び」で健常者を破って優勝した。その際に、噴出したのは、「感動ポルノ」ではなく、「義足の公正性」についての議論であった。つまり、カーボン製の義足の効力で記録を伸ばしたといわれるようになったのだ。義足でインチキやズルをしたというのである。この事例が所与していることは、障害者が「健常者」の地位を脅かさない限りにおいて、「感動ポルノ」は成立するという事実である。実は、こんなことをいちいち説明しなければならないほどに、社会の論理は、「健常者」により優位に偏向しているのだ。

よって、社会を捉える視座が異なれば、同じ事象でも全く違って見えてくることに私たちはもっと敏感にならなければならない。そして、そのうえで、ソーシャルワーカーが、どの視座から社会と向き合うべきかは、もはや議論の余地がないであろう。私たちの支援を必要とする人びとから社会を穿つ人こそが、ソーシャルワーカーなのである。であればこそ、先に挙げた①から③の内、この①の項目（私たちの支援を必要としている人びとから捉える）が最も重要であると改めて指摘しておく。

話を進めれば、「人びとの目線」としてある私たちのこのまなざしは、往々にして、新自由主義や、一部の人びとの主観が敷衍した「客観的」まなざしとは対峙せざるを得なくなるだろう。全ての人びとの権利擁護を展開するためには、「少数事実・意見の席捲」としての「普通」や「常識」とは異なる立場から捉えた別の〈普通〉と〈常識〉にも着眼する必要に迫られるからだ。全ての人びとの尊厳を守るためには、「一部の人びと」の立場はも

[*59] 本多勝一（1974）「母親に殺される側の論理」本多勝一（1982）『殺される側の論理』P.14 朝日文庫

ちろん、それ以外の人びとの言い分にも耳を傾ける必要がある。さらに言えば、この「一部の人びと」は自らの立場や論理を普遍化する力を有しているため、私たちは、むしろ、そのような力を持たない、「一部の」大きな声にかき消された小さな声を拾い上げていくことにこそ力点を置くべきだと思う（私は、ジャーナリズムの姿勢も同様であると考えており、端的にその見地は、権力の側ではなく非権力側の事実を意識して抽出のうえ発表し、全体の均衡をとることにこそ真骨頂があるとさえ思う。この観点に立てば、先に挙げた昨今の政府による報道機関に対する放送法第4条の解釈の捏造を盾に取った介入や、この誤った論点に加担する様な、読売・産経新聞の意見広告を介した特定の報道人への偏向批判などは、理論からの逸脱が甚だしく、本来ならとても相手にできる代物とは言えない）。[*60]

ジレンマの中のソーシャルワーカー

　以上、現代のソーシャルワークが喪失しつつある視座と、それを克服していくあるべき姿について論じてきた。「私たちの支援を必要とする人びと」の側に立って社会と対峙する。これこそが、ソーシャルワークの面目躍如たる基本的姿勢であることは間違いない。その一方で、これらが容易に実現するものではないとの認識も不可欠だ。この点を木下大生も以下の様に開陳している。

＊60　「報道番組批判の意見広告　放送法『政治的公平』識者の見解は」『毎日新聞』2015年11月30日東京朝刊「意見広告は14日に産経新聞、15日に読売新聞に掲載された。広告を出したのは『放送法遵守（じゅんしゅ）を求める視聴者の会』という団体だ。安保関連法案の参院審議が大詰めを迎えていた9月16日、TBSテレビの報道番組「NEWS23」で、アンカーを務める岸井成格（しげただ）氏（毎日新聞特別編集委員）が『メディアとしても廃案に向けて声をずっと上げ続けるべきだと私は思います』と発言した。意見広告はこの発言について、放送法4条が放送事業者に対し『政治的に公平であること』『意見が対立している問題については、できるだけ多くの角度から論点を明らかにすること』と規定していることを根拠にして、『重大な違反行為』と主張した」。

「所属組織の方針とソーシャルワークの価値やクライエントの希望が対峙し、どちらを優先すべきか悩むシチュエーションに全く出会わないことは考えづらく、ソーシャルワーカーであれば誰でも少なからずそのようなことを経験すると言えるでしょう。結局われわれは、自身がより仕事を円滑かつ自身が納得できる支援を進められるように、倫理綱領を頭の片隅に置きながらも——倫理綱領を遵守できる時は遵守していることを確認しながら——それが難しい場合は一部を諦めたり、時には手放したりしてソーシャルワーカーとして振る舞っている現実があります」[*61]。

この様に私たちの実践をより困難とさせている理由としては、一つに、ソーシャルワーカー自身が様々な価値（社会の優位的な価値・組織の価値・個人の価値・「人びと」の価値など）の間隙に置かれジレンマを抱えていること、今一つは、社会の「常識」「普通」に対峙することに一定のリスクが伴うことが挙げられる。よって、次章からは、これらのジレンマとリスクを乗り越える方法についても論及していく。

しかし、より大切なことは、このジレンマとリスクから断じて逃避しないというソーシャルワーカーの決意にある。サラ＝バンクスも、「倫理的な問題やジレンマが、ソーシャルワーク実践に絶えずつきまとう」とし、「こうしたことが生じる理由」は、「サービス利用者を扱う公的サービス専門職としてのソーシャルワークの役割」にあり、「それはまた、多くの国々で、それ自体が相矛盾する目的や価値観——ケアとコントロール、資本蓄積と正統化、個人的権利の保護と公共の福祉の促進——を基盤とする、緊張やジレンマ、対立の原因になる、国家福祉供給の一部としてのソーシャルワークの位置づけに由来している」と主張する。そして、このジレンマに向

---

*61　木下大生（2015）「ソーシャルワーカーの二つのジリツ（自律・自立）について考える」木下大生・後藤広史・本多勇・木村淳也・長沼葉月・荒井浩道『ソーシャルワーカーのジリツ　自立・自律・而立したワーカーを目指すソーシャルワーク実践』PP.55-56生活書院

き合うためには、ソーシャルワーカーが、「その役割の本質的な緊張状態を理解すること、道徳的判断が実際にソーシャルワークでどのように発生するのかを考察すること、この両者が重要である」と述べている。[*62]

このバンクスの書『ソーシャルワークの倫理と価値』からは、「倫理と価値」を敷衍するために、このジレンマを生み出す社会構造をソーシャルワーカーが理解することの重要性と、このことを前提とした「ジレンマ」と対峙する姿勢と方法についての見解がみてとれる。このように、ソーシャルワーカーがジレンマと対峙することは、全ての人間の権利擁護や多様性尊重の観点からも重要な営みといえる。他方で、ソーシャルワーカーがその価値に対して忠実に実践しようとしない限り、そもそも、この様なジレンマが生じることなどあり得ないし、バンクスの示しているようにジレンマを生み出す社会的背景への認識がなければ、このジレンマを乗り越えることはもとより、向き合うことさえもできなくなるであろう。

全ての人間の尊厳保障を志向した社会変革

繰り返しを厭わずに整理すると、ソーシャルワーカーは、私たちの支援を必要としている人びとの視座から社会を捉え、人びとを代弁し、社会変革を促進していく専門職である。そして、このことは、「一部の人びと」の声が社会に敷衍した帰結として、支配的イデオロギーがつくり出した「客観的事実」「常識」「普通」「公理」と対峙することが不可避となることを示している。なぜならば、ソーシャルワークの志向する社会変革は、社会から排他・排斥されている人びとの側から社会を点検し、彼らが暮らしやすい社会の構築に寄与することにこそその本来の姿があるからだ。そして、最終的には、この社会変革は、全ての人びとの尊厳が守られる社会を目指して流れていき、「一部の人びと」にとっても豊かな暮らしが守られる社会へと辿り着く。

*62　サラ=バンクス (2016)『ソーシャルワークの倫理と価値』(石倉康次・児島亜紀子・伊藤文人監訳) P.41 法律文化社

私たちは、第一義的着眼としては、支援を必要としている人びとの権利を擁護するために社会変革を促進するのだが、その社会変革は、今は支援を必要としていない、「一部の人びと」を含むその他全ての人びとの社会福祉の向上に資するものへと帰結していくと考えられる。なぜならば、本来は「必要原理」やそれに依拠した普遍主義に立脚している社会福祉サービス・実践の充足は全ての人間の権利擁護へと連なるからである。[*63]

　このように私たちの目指す社会変革は、社会に新たな排除や分断を生み残すものであってはならない。よって、「排除する側」も「排除される側」も包摂した全ての人間の尊厳が保障された社会への接近を描いていくものでなければならない。様々な人びとが出逢い、その事で、軋轢や対立を生み、それでも対話と関わりをとどめることなく、関係を積み上げていくことによって創出されるこの人びとの経験と状況が、多様な他者への理解や慮（おもんぱか）り、互酬性、信頼の関係を社会に醸成していく。私たちが社会変革と呼んでいるものは、以上の過程にある多様な人びと同士の直接的な関わりと対話の

---

*63　井手英策らは「必要原理」を、「人間の生存・生活にかかわる基礎的ニーズを財政が満たすというアプローチ」の「核となる」ものとして提唱する。また、そこで重要な観点は、「教育や医療、育児・保育、養老・介護といった現物支給の役割」であり、「なぜならば現物給付は、あらゆる人間が必要とするものからできているからだ」と指摘している。加えて、「必要原理にもとづいて、受益者の範囲をできるかぎり広げようとする立場を、普遍主義」と捉えている。井手英策・古市将人・宮﨑雅人（2016）『分断社会を終わらせる　「だれもが受益者」という財政戦略』P.142・P.144・P.164筑摩書房。また、普遍主義・ユニバーサリズム（Universalism）について井手英策は次の様に述べている。「私利を追求しようとする個人の意志の集合ではなく、人びとに共通する利益を志向する意志のことをJ・J・ルソーは一般意志と呼んだ。この一般意志は政府を支える原理でもあるが、これを財政面からとらえた理念がユニバーサリズムである。障害者や高齢者のための施設のバリアフリー化をユニバーサル・デザインと呼ぶことがある。ユニバーサリズムはこうしたハードの設計そのものを指すものではない。ユニバーサリズムは人間の所得の多寡や性別等で区別せず、等しく扱うことに本質がある。障害者や高齢者が他者と同じように行動できるようにする、その意味では、ユニバーサル・デザインの根底にある理念がユニバーサリズムだということになる」。井手英策（2013）『日本財政　転換の指針』P.26岩波新書

中にこそ見いだすことができるのだ。排除ではなく、連帯と連携を基盤に据えたあるべき社会への接近こそが私たちが進展すべき社会変革であり、また、そのような戦略的実践がソーシャルワークには求められていると思う。

従来から日本の社会福祉実践やソーシャルワーク分野では、社会変革の重要性は理念的には謳われてきた。一方で、その社会変革が、何を拠り所として、何を志向してなされていくべきなのかについての詳細な議論の痕跡は驚くほど見当たらない。また、実践領域においても、社会変革を意図した実践そのものが非常に少ない。少なくとも日本のソーシャルワークは、社会変革の重要性を頭では認識しているものの、その事は理念完結的・皮相的な受け止め方に終始し、本気でその実践を押し広げる意識が欠如していたのではないか。やや厳しい言い方だが、そう勘繰られても仕方のない体たらくにあると私は考えている。

加えて言えば、その実践が、社会構造ではなく、個人に焦点化したものであったとしても、個人の権利擁護を真に貫徹すれば、それは以上の社会変革へと連なるであろう。なぜならば、人びとの権利侵害を防ぎ、自己決定を保障するためには、人びとを取り巻く社会環境を整備する必要に迫られるからだ。このことを逆説的に捉えたならば、私たちは、個人に着眼した支援ですらも「貫徹」できていない現状を受け止めざるを得なくなる。

2005年6月高松市で開催された日本社会福祉士会全国大会における記念講演で、当時岩手県立大学のラジェンドラン＝ムースは以下のように表明した。

「ソーシャルワーカーの目標はソーシャルチェンジを行う事。ソーシャルチェンジとは、個人・グループ・地域社会の変化を行う事。ソーシャルワークは変化を行う道具である」[64]。

[*64] ラジェンドラン＝ムース「アジアにおける日本のソーシャルワーカーの役割」第13回日本社会福祉士会全国大会・社会福祉士学会　記念講演　2005年6月4日（土）サンポート高松

そして、彼は更に論及してこう主張する。「その意味において日本に本物のソーシャルワーカーはいない」。ここで投げかけられた言葉は、現在も鮮烈に私の心に残っている。そして、残念ながら、この"挑戦"に対し、私たちは未だ明確な反証を持ち合わせてはいない。

●国境と民族の境界を超えて社会を捉える

　以上多くの字数を要して、ソーシャルワークが「社会構造を的確」に捉えるための3つの視点の内肝要となる一つの観点について叙述した。残りの2点についてもやや簡潔に述べておく。1点は、空間を超えて、より広範に社会を捉えることであり、2点目は、世代を超えて、持続可能な社会を模索することにある。双方を合わせた表現をとれば、時空を超えた広範な視点で捉えるべきだということになる。
　私は、2015年10月にタイ・バンコクで開催された第23回アジア太平洋ソーシャルワーク会議に出席する機会を得た。大会のテーマは、「成長と危機――ソーシャルワークと政策対話」であり、基調講演から分科会に至るまでその基盤となる主張は、まさに新自由主義批判であり、社会構造の捉え方とその変革の重要性にあった。いくつか例を挙げるならば、まず、基調講演でオーストラリア・カーティン科学技術大学教授ジム＝アイフは、次の様に新自由主義を痛烈に批判している。

　「新自由主義は、規制緩和政策を実施しているのに、人間に規制緩和政策を実施していない。新自由主義によって、私たちは自由にならないということである。新自由主義のせいで貧富の差は拡大されている。私たちは新自由主義に代わる新たな選択肢を探さなければならない。世界の開発はどれぐらいまでいけるのか、私たちはまだ分からないが、現在の

状況をみると限界を超えているのではないかと私たちは思っている。重要なことは持続可能な開発である。でも、現在の状況を見るとなかなか持続可能な開発はできていない。経済的な成長は限界を超えている。どのようにすればよいのか。不平等を解消するためにどんな解決方法があるのか。探さなければならない[*65]」。

加えて、基調講演における二人目の登壇者はモンティアン＝ブンタン（Monthian = Buntan）タイ・上院議員であった。元ストリートチルドレンで重度の視覚障害のある彼は、自らの経験を通じて、社会変革の重要性を強調する考えを以下のように披歴している。

「現在のソーシャルワークの社会的活動は、現状を維持することにとどまり、その重要性が理解できていないのではないかと考える。社会変革を真剣に考えていかなければならない。現状の社会環境のままで良いのか、ここに障害者の社会的権利の保障があるのか、という問いが重要である[*66]」。

先のラジェンドラン＝ムースといい、同じく新自由主義批判を標榜したイギリスの書『ソーシャルワークの復権』を記したイギリスのイアン＝ファーガスン、そして、このジム＝アイフとモンティアン＝ブンタンなど、ソーシャルワークにおける世界の潮流の一つは、まさに新自由主義批判にあり、それに代わる新たな社会構築の模索にまで触手が伸びている。

他方で、日本のソーシャルワークはどうだろうか。上記に挙げた氏名にあたる存在が日本にどれほどいるというのか。もちろん、私は、世界中の

＊65　中島康晴「第23回アジア太平洋ソーシャルワーク会議タイ・バンコクにて開催」『公益社団法人日本社会福祉士会NEWS　No.179』P.2日本社会福祉士会2016年3月

＊66　中島康晴「第23回アジア太平洋ソーシャルワーク会議タイ・バンコクにて開催」『公益社団法人日本社会福祉士会NEWS　No.179』P.2日本社会福祉士会2016年3月

ソーシャルワークに触れ、学んだ訳ではない。また、海外の文献をあたることや、国際会議への参加を通じて、日本のソーシャルワークだけが、突出して、マクロ領域と社会変革への接近に対して後れをとっているわけではないと理解している。そのことを前提としつつも、やはり、私たちは、日本のソーシャルワークの潮流が世界の「あるべき基準」から逸脱している現実を受け入れざるを得ないだろう。先に挙げた「ソーシャルワーク（専門職）のグローバル定義」を見よ。

元来、他者への慮りと協調性に長ける日本のソーシャルワークは、それゆえに技術的知識及び技術に偏重し、社会を俯瞰視する力・批判する力・創造する力に加え、専門的価値・哲学に弱点があるのではないかと言いたくなるほど、世界の趨勢との懸隔を感じずにはいられない。であればこそ、これからの若い日本のソーシャルワーカーには、世界に出て、他国のソーシャルワークを学び、そして、日本のソーシャルワークの強みも同時に他国へ伸展してもらいたいと願わずにはいられない。こうした動きこそが、日本のソーシャルワークのみならず、世界のソーシャルワークの変革と発展に寄与していくのだと思う。

また、新自由主義は日本から端を発したものではなく、アメリカやイギリスをはじめとした経済のグローバル化と共同歩調で進捗しているものである。さらに言えば、グローバル化は、文字通りに世界化を表すものではなく、アメリカのルールを世界に敷衍させる思想を内包したものであることは経済学者らによって指摘されている[*67]。そして、この思想を含意したグローバリズムというべき潮流は、世界経済に影響を与えると同時に、その両輪ともいえる教育を含む社会保障へも甚大な影響を与えていく[*68]。こ

[*67] 金子勝（2015）『資本主義の克服 「共有論」で社会を変える』P.57集英社新書
[*68] 広井良典によれば、「（前略）実際に社会保障というシステムは、『国民国家』というものの生成と軌を一にするかたちで整備されてきたし、また、逆に社会保障制度の存在自体が、『国民国家』というシステムを強化するかたちで機能してきたと言える。ところが経済のグローバライゼーションや地球環境問題の浮上のなかで、これまでの『国家像』は大きく変容しつつある」とし、特に、「国民国家フレームの揺らぎ」の大き

の様に日本の教育を含む社会保障は、このグローバリズムの時勢から自由になりえない。私たちソーシャルワーカーは、この世界的な趨勢を押さえつつ、社会構造を捉えていかなければならないのだ。であればこそ、私たちソーシャルワーカーも、この時勢に対抗すべく、世界規模のネットワークを構築する必要が認識されるであろう。

　またロバート＝パットナムらが人びとにより分かりやすく提唱したソーシャルキャピタル（社会関係資本・神野直彦によれば「社会資本」）の理論を援用しても、限定された地域や分野のネットワーク（ボンディング）を発展させるためには、そのネットワーク間を媒介し、また、自由に往来するネットワーク（ブリッジング）の存在が同様に重要視される。ネットワークの進展は、そのネットワークが同時に越境し外にひらかれてこそ成就していくものなのである。[*69][*70]

　な要因として、多国籍企業が「国家と肩を並べるほどの巨大な存在」と化していることを挙げ、「このような時代には、『"世界"とは、複数の"国家"が集まり互いに交渉し合うシステムである』といった認識は既に実態とかけ離れたものとなりつつある」としている。広井良典（1999）『日本の社会保障』P.116・PP.152-153 岩波新書

[*69] ロバート＝パットナム（Putnam, R）によれば、「接合型の社会関係資本【ボンディング】は、重要な属性（民族性、年齢、ジェンダー、社会階級等々）の面で互いに似通った人々を結びつけるのに対して、橋渡し型の社会関係資本【ブリッジング】は、互いに類似点のない人々を結びつける社会的ネットワークのことを指す。(中略)橋渡し型のネットワークの外部効果はプラスである可能性が大きいのに対して、（特定の社会的ニッチだけを対象として限定する）接合型のネットワークはマイナスの外部効果を生じる危険がより大きいからである。だからといって、接合型の集団が必ずしも悪いというわけではない。事実、我々のほとんどは、橋渡し型の社会的結びつきからよりも、接合型の結びつきから社会的支援を得ていることを示唆する証拠がある」(【　】内は中島)との指摘がある。ロバート＝D＝パットナム・クリスティン＝A＝ゴス（2013）「社会関係資本とは何か」『流動化する民主主義　先進8ヵ国におけるソーシャル・キャピタル』(猪口孝訳) P.9-10 ミネルヴァ書房

[*70] 神野直彦（2012）「コラム　社会資本（social capital）」編著：神野直彦・牧里毎治『社会起業入門　社会を変えるという仕事』PP.42-43 ミネルヴァ書房　神野直彦は次の様に指摘する。「日本ではソーシャル・キャピタルを社会関係資本と翻訳されることがある。それは日本ではハーシュマン（Albert Hirschman）の提唱した道路、港湾などのイ

「多様性の尊重」を拠り所とするソーシャルワークは、国境も、民族の境界も乗り越えていく必要がある。しかし、それはただ単に活動の範囲や視点を広げるに留まらず、利己主義を利他主義へ、私益を公益へとその状況に応じて活動の目的を転換させていくことも同時に求められていくことになるだろう。数千・数万キロ離れた人びと同士の私益の共有は難しく、これほど空間的に広範な状況下では、やはり、前掲した広井良典の指摘にあるように利他性と公益性を考えていかざるを得なくなるからだ。また広範な人びとの連携が生み出すこの「利他性」や「公益性」は、以下の阿部志郎の論及に見るように、日本の社会福祉領域でも古くから言われてきたことでもあるし、これからのソーシャルワークや政策論にも大いに取り入れるべき見地であると言える。

　「現在の福祉を動かしている思想の中で、『今日は人の身、明日はわが身』『情けは人のためならず』が大きな部分を占めている。明日の善意の還元を期待して、今日、恩を与えておく、といった反対給付を想定してなされる行為は、福祉の論理からは帰結されないはずである。（中略）福祉は、『価なくして受けたのだから、価なくして与えなさい』に、根底があり、この理念を活動経験を通して実現してゆくところに、ボランティア存在の価値があると思う」[*71]。

　以上のように、今を生きる世界中の全ての人びとの権利擁護と世界規模の共生社会を視野に収めた展開がこれからのソーシャルワークには特に求められることになるだろう。そして、この共生社会の構築において重要視

ンフラストラクチュアを意味する『社会的間接資本（social overhead capital）』を社会資本とも翻訳されているからである。ところが、ソーシャル・キャピタルを社会関係資本と訳すと、ソーシャル・エコノミーも社会関係経済と翻訳されることになってしまっている」。
＊71　著：阿部志郎・編集協力：岸川洋治・河幹夫（2011）『社会福祉の思想と実践』P.106 中央法規

すべきは、その共生の内実であることは言うまでもない。支配者と被支配者も、つまり、王族と奴隷も共生すること自体は可能であることを鑑みれば、全ての人びとの尊厳が保障されていることこそがこの共生の必要条件となることをここでは確認しておきたい。

> ● 時代を超えて社会を捉える
> ── 持続可能な社会構築への貢献

さらに大事なことは、上記の「共生（きょうせい）」に加えて、浄土宗で言われてきた「共生（ともいき）」という考え方にある。「きょうせい」と「ともいき」の違いとして以下のような説明がある。

「『きょうせい』というと、現時点の水平的なものの見方になってしまいますが、それにいのちの流れの縦軸的なものの見方をプラスしたのが『ともいき』ということなのです」[*72]。

つまり、「きょうせい」は、同時期における人びとの連帯のあり方を指し、「ともいき」は、これに加えて、過去－現在－未来における世代間の連帯の様相を捉えているという。交通機関及び通信機器の革新によって、今を生きる私たちは世界中の人びととの意見交換や情報共有を適時に果たすことが容易なこととなった。パリ市街及び郊外で同時テロが起こった事も（2015年11月13日）、その後、間髪を容れずにフランス軍が「イスラム国」に対する空爆を開始した事実も、数千・数万キロ離れた地域のことを私たちはほぼ数時間の内に共有することができる。世界中には、侵略・戦争・殺戮・虐殺・人身売買・難民・飢餓の問題など、生存を日々脅かされている人びとがいることも私たちは理解することができる。それゆえに、私たちは彼らに何らかの支援をすることもできるのだ。

* 72　浄土宗（2004）『世界に共生を』P.16浄土宗出版

一方で、いまだこの社会を生きていない人びとへの慮りや支援の観点はどうだろうか。いまは存在しない未来における人びとへの想像力は思いのほか希薄ではなかろうか。ソーシャルワークの目的が、全ての人びとの尊厳保持にあるのであれば、この全ての人びとは、今を生きる人びとだけを指すのだろうか。ソーシャルワークの定義を狭隘化しない限り、これから生まれくる人びとがその対象に含まれていることは言うまでもない。また、先に挙げた「ソーシャルワーク（専門職）のグローバル定義」でも、「持続可能な発展」や「自然界、生物多様性や世代間平等の権利に焦点を当てる」ことの重要性がその「注釈」で記されている。

　持続可能な社会を構築するためには、今を生きる私たちは、これから生まれくる人びととの共生の意識を持たなければならない。これから生まれくる人びとへ、如何なる社会環境（自然環境・思想・文化・制度・財源など）を残すことができるのか、この解釈が希薄であるがゆえに、労働者人口の減少と相まって高齢化、経済の低成長が進んでも、増税などによる財源の確保がなされないのが日本の実態ではあるまいか。また、持続可能な環境保全や、再生可能エネルギーへの転換についても日本は遅れがちである。福島第一原子力発電所事故にかかる収束の目途すら立たない状況下で、原発を再稼働し、他国へ輸出することが、持続可能な社会からの背理を指すことは言うまでもあるまい。

　もちろん、現下の社会における長所も欠陥も含めて、私たちは、幾世代も前に生きてきた人びとから受け継いできたとの認識も同時に大切にしなければならない。トニー＝ジャットも次のように述べている。

「わたしたちは子どもたちに、自分が引き継いだよりも良い世界を残す義務があります。しかし、わたしたちよりも前の人びとのおかげをこうむってもいるのです」。加えて、エドマンド＝バークを引いて以下のように付言している。「彼は書いています──社会というものは、『…生きている者同士の協力関係に止まらず、生きている者と、死んだ者と、こ

れから生まれくる者との協力関係である』と」。[*73]

　以上のことは、短期的な人びとのつながりではなく、長期的な関係の重要性を示唆している。「人間の尊厳と新自由主義」の節で紹介した広井良典が示しているように、人びとの関係が長期に及ぶほどにその関係に利他性が増殖されていく傾向が認められている。であるがゆえに、地域社会においては、そこで暮らす人びとは原則として長期の関わりを避けられないため、利他性の創造の場として機能することが期待されるし、ミクロ・メゾ・マクロ領域の如何を問わず、この長期的な関わりを地歩に活動を蓄積していくべきだと思う。また、これらの営みは、新自由主義の一つの特徴としてデヴィッド=ハーヴェイが挙げていた「短期的な契約を賞賛する」価値に対する挑戦へと繋がるだろう。[*74]

　長文となったため、ソーシャルワークが如何に社会を捉えるべきかの3つの要点を再掲しておく。
①私たちの支援を必要としている人びとから捉える。
②国と民族を越えた空間的広範性。
③世代を越えた時間的連続性（長期的な関係性）。

　そして、これらの根底には、社会正義、人権・多様性尊重といったソーシャルワークの価値がなければならないこと。加えて重要なこととして、ミクロ・メゾ・マクロ領域を結合化した実践を基盤としつつ、これらの領域を、私たちの支援を必要とする人びとの視点で貫くこと、即ち、人びとの権利擁護を貫徹する強い意志が不可欠であること。その他の視点としては、広範な圏域と多様な分野における連携、加えて、世代を越えて長期的な関係に依拠した実践の双方を積みかさねることが社会に利

[*73]　トニー=ジャット（2010）『荒廃する世界のなかで　これからの「社会民主主義」を語ろう』（森本醇訳）PP.252-253 みすず書房
[*74]　デヴィッド=ハーヴェイ（2007）『新自由主義　その歴史的展開と現在』（渡辺治監訳）P.231 作品社

他性を育み、それが新自由主義に抗ずる手立てとして有効であることを確認した。

　特に、この長期的な視座に立って持続可能な社会を捉える視点は、ソーシャルワークのあり方そのものにも求められており、現在の若いソーシャルワーカーやこれから実践現場に登場してくる未来のソーシャルワーカーのために、今この時代の私たちが何を残しておかなければならないのかも同時に問われていることをここでは確認しておこう。

●本書で社会変革を取り上げる理由

人間の「内部」へと焦点化した実践からの脱却

　本書における骨子は、まさに「ソーシャルワーク」と「地域包括ケア」にあるが、その基底には、「社会変革」が絶えず横たわっている。もちろん、ソーシャルワーカーの仕事は、人間の「内部」と「外部」の双方の問題とその「関係」に働きかけることにある。よって、人びとの「内部」にだけ着眼する支援も、また「外部」にだけ集中して関与することもそれはソーシャルワークとは言えない。つまり、「社会変革」のみに照準を合わせた実践はソーシャルワークたり得ない。この点において、ゾフィア＝T＝ブトゥリムの次の主張はもっともだと思う。以下で取り上げる「社会的機能」についてブトゥリムは、ソーシャルワークが促進すべきものであり、その中心的機能に直接かかわる概念であると述べている。[75]

「この（社会的機能という）概念は、ソーシャルワーカーに、人間をパーソナリティの強さとか弱さといった面からのみみて、人びとの世界と人びとが生きている物的世界を無視することは、人間存在の実現を否定す

＊75　ゾフィア＝T＝ブトゥリム（1986）『ソーシャルワークとは何か　その本質と機能』（川田誉音訳）P.10 川島書店

ることであり、それでは、人間の生活上の問題に介入する確かな基盤が欠けてしまうということを、たえず思い起こさせる。それと同じように、環境変容や社会改良、つまり、まわりを変化させることばかりに焦点をあて、問題を経験している人自身を無視したアプローチでは、人間の主体性を認めず、それゆえ人間の尊厳をはなはだしく否定することになる[76]」（括弧内は中島）。

　しかし、少なくとも日本における現状はどうであろう。髙良麻子と渡邊かおりは、ソーシャルアクションにおける教育・研究と実践が減退している実態を同様に指摘しているが[77]、そのような根拠を示すまでもなく、「環境変容と社会改良」にかかる実践が甚だもって衰退している実態は周知の事実であろう。

　もちろん、例外は存在する。埼玉県内における藤田孝典らによる「反貧困のソーシャルワーク実践」は、その藤田自身が披瀝しているように「ミクロからマクロへの連動とソーシャル・アクションによる社会変革」を志向した実践であるといえるだろう[78]。しかし、残念なことに、この様な実践はやはり稀有な存在だ。

　これらの原因が、教育・研究にあるのか、それとも実践の側にあるのか私にはわからない。少なくとも、既に共通理解がなされているはずのソーシャルワークの価値に則り実践を展開すれば行きつく領域に、実践家自身が辿り着けないことの責任は「実践」の側にもあると思う。一方で、やは

---

[76] ゾフィア＝T＝ブトゥリム（1986）『ソーシャルワークとは何か　その本質と機能』（川田誉音訳）P.6 川島書店

[77] 髙良麻子（2013）「日本の社会福祉士によるソーシャル・アクションの認識と実践」日本社会福祉学会『社会福祉学』第53巻第4号 PP.42-54、渡邊かおり（2014）「社会福祉教育におけるソーシャル・アクションの位置づけ──博士論文の研究を中心に──」愛知県立大学生涯発達研究所『生涯発達研究 第7号』PP.73-77

[78] 藤田孝典（2014）「貧困問題に対峙するソーシャルワーク実践」編著：髙良麻子『独立型社会福祉士　排除された人びとへの支援を目指して』P.184 ミネルヴァ書房

り教育のあり方にも問題があることは認めざるを得ないだろう。私も以前次の様に指摘したことがある。

「彼（ジョン＝デューイ）は、社会環境や歴史を人々が主体的に変容し利用することの重要性を指摘しています。それを促進することが教育における一つの役割であるとも言っています。仮に、ソーシャルワーカーが社会変革を促進していないとすれば、そのソーシャルワーカーはどの様な教育を受けてきたのでしょうか。そして、ソーシャルワーカーに対する教育は今後どうあるべきなのでしょうか。養成カリキュラムや、教育機関・専門職団体・実践機関における全ての教育システムに対して、今一度、社会変革のできるソーシャルワーカー教育の重要性について強いメッセージを投げかけておきたいと思います」[79]（括弧内は中島）。

これらのことは、もちろん、ソーシャルワーカー教育に特有な問題としてではなく、前述したように、日本の教育全般における構造上の瑕疵としても指摘ができる。他方、この問題をソーシャルワーク教育に集束化した場合、特に注視すべきこととしては、髙良と渡邊が指摘しているように、「社会福祉士及び介護福祉士法」が成立した際に、ソーシャルアクションの領域が、授業科目と養成カリキュラムから欠落していたことが挙げられる。渡邊かおりは、この点を明確に指摘する。

「ソーシャル・アクションの研究は、戦後まもない時期はアメリカの理論の紹介に留まっていたものの、1960年代になると日本で行われた社会保障・社会福祉予算獲得運動や、保育所づくり運動等をソーシャル・アクションと位置づける取り組みが行われるようになった。そして1970年代には、アメリカの福祉権運動が日本に紹介され、当事者の意思を重

---

[79] 中島康晴（2014）「ソーシャルワーカーが担うべきソーシャルアクションの実践形態」『地域ケアリング』PP.15-23 北隆館

視したソーシャル・アクションの必要性が改めて確認された。しかし、1980年代の公的責任による社会福祉サービスが縮小されている時代に社会福祉士資格ができたことにより、社会福祉分野においてソーシャル・アクションという概念は重視されなくなった。その傾向は今日も続いており、社会福祉教育においてソーシャル・アクションが取り上げられる機会は極めて少なくなっている。つまり、現在はソーシャル・アクションの研究及び教育はいずれも停滞しており、それはソーシャル・アクション実践の停滞にもつながっていると考えられる」[80][81]。

このことは「社会変革」を検討する上でとても重要で、社会福祉士は、ソーシャルワーカーではないのではないかという疑念の起点にもなっている。事実、「社会福祉士及び介護福祉士法」にみる社会福祉士の定義を見る限りでは、この疑念はさらに深刻化をさせざるを得ない。したがって、本

[80] 渡邊かおり（2014）「社会福祉教育におけるソーシャル・アクションの位置づけ――博士論文の研究を中心に――」愛知県立大学生涯発達研究所『生涯発達研究 第7号』P.76
[81] この点、髙良麻子も、社会福祉士におけるソーシャルアクションについて以下の様に指摘している。「ソーシャル・アクションについては、アメリカにおけるソーシャル・アクションの紹介がなされたのを最初に、援助技術やコミュニティ・オーガニゼーションのモデル等、さまざまな角度から説明がなされているが、公式の定義がない状態である（横山ら2011）。また、近年は加山（2003）、高木ら（2005）、藤野（2009）、横山ら（2011）等によってソーシャル・アクションに関する研究がなされているが、その乏しさが指摘されるとともに、ソーシャルワークの専門技術としての研究蓄積の必要性が述べられている。教育においても、ソーシャルワークを実践する職能4団体が採択しているソーシャルワークの定義に『社会の変革を進め』と記されているとともに、倫理綱領における社会に対する倫理責任として『社会への働きかけ』が明示されているにもかかわらず、社会福祉士及び介護福祉士法成立時に厚生省から出された授業科目に関する通知で、1950年代から使用されてきた『六分法』からソーシャル・アクションが除かれるとともに（横山ら2011）、2008年の社会福祉士養成カリキュラムにおいてもソーシャル・アクションは含まれていない」髙良麻子（2013）「日本の社会福祉士によるソーシャル・アクションの認識と実践」日本社会福祉学会『社会福祉学』第53巻4号 P.43。

書では、社会福祉士ではなく、専らソーシャルワークの表記を用いるようにしている。また、社会福祉士はソーシャルワーカーと言えるのかというこの問いについては、終章で詳しく触れることにする。結論を先に述べれば、私は、「社会福祉士」を「ソーシャルワーク」の中核へ移行すべきと主張していく。つまり、社会福祉士とソーシャルワーカーを不毛に分断することなく、まず、制度上の位置づけとして、社会福祉士をソーシャルワークの本質に近づけることが求められていくし、加えて、根源的なソーシャルワークが展開できる社会福祉士を養成し、その実践を促進していくことが強く求められていると考えている。

つまり、人びとの体の「内部」と「外部」に働きかける実践の内、この「外部」に対する関与が著しく減退しているのが、(諸外国の動向を正確に把握しているわけではないという意味において)少なくとも日本のソーシャルワークの実態なのだ。ブトゥリムも、「内部」にだけ焦点化した実践も、ソーシャルワークではないといっているのだから、日本のソーシャルワークの多くは、実は、ソーシャルワークでは無くなってしまう可能性は否定できないというわけだ。そこで、私たちのソーシャルワークが、ソーシャルワークとして存在し続けるためにも、この基盤と構造の現状を念頭に置いて、「外部」に対する視座と展開方法をより強調して敷衍すべきであると考えるのが私の立場である。日本のソーシャルワークは基礎的・構造的に、「内部」もしくは、「内部」とその少し周辺(家族や専門職のかかわり方など)への関与に留まっているため、「外部」に対する実践を強固に促進しなければならない状況にある。もちろん、これらは実践における普遍的な基盤を射程に入れての見解であるが、今は一定程度促進された「内部」ではなく、両者の均衡をとるためにも、敢えて、「外部」にかかる実践を強調して推し進めていくべき時期にあると考えるのだ。

言うまでもなく、「内部」と「外部」への均衡や関与のあり方は、人びとの状況に応じて、その時々で変化していくべきものだし、ソーシャルワーカーの実践領域・所属組織・役割によっても変容していくものだと思う。

しかし、基礎的な部分に圧倒的な不均衡がある状況下では、それぞれの現場における実践にも、その影響は常に及ぼされていると考えるべきではないだろうか。再びブトゥリムの言葉を借りるならば、「ソーシャルワークの機能とその作用の仕方は、実際、その時代の社会構造のあり方にかかっており、社会構造におけるさまざまな変化の過程から、大きな影響を受けている」のであるから、それはなおさらである。[*82]

　したがって、現在のソーシャルワークに求められていることは、「外部」を意図した実践をより強化していくことであり、その積みかさねを通して、ソーシャルワークの普遍的な実践基盤における「内部」との均衡をとることにある。この営みがなければ、全国津々浦々で展開される個別のソーシャルワーク実践は、両者のうち「内部」に偏重した不均衡の呪縛から今後解放される見込みは無いであろう。それは、私たちのソーシャルワークが、本来のソーシャルワークから乖離することを意味するわけで、私はこのことを到底看過することはできない。本書が、社会変革を強く訴える理由はここにある。

ソーシャルワークの特有性としての「社会変革」

　さらにもう一つ、他の専門職と比べても、ソーシャルワークの独自性と生命線は、この「社会変革」にあることを確認しておきたい。ブトゥリムによればバトラーを引用し、「ソーシャルワークには、ホームレスhomelessや貧困や失業のような大量の全国的な社会問題に対して、ある意味で特別な全体的責任を負えると主張するだけの基盤がない」とし、「私の考えも、これに通じるところが多い」と同意をしている。このことを前提とし、「その責任は、医師や教師など、他の集団のもつ責任より、かならずしも大きいとはいえない」と主張している。さらに、「ソーシャルワーカーがソーシャル・アクションにかかわることに反対しているのではない」としつつも、

[*82]　ゾフィア＝T＝ブトゥリム（1986）『ソーシャルワークとは何か　その本質と機能』（川田誉音訳）「序」iv 川島書店

「私の考えでは、どの専門職であれ、あるいはその他の職業集団であっても、社会が、そこに欠けているものや要求すべきものが何であるのかについて、蓄積された経験を最大限に利用できるようにする責任がある。(中略) 医師や教師がそれぞれ、保健や教育の政治的側面に積極的にかかわらなければならないのと同様に、ソーシャルワーカーも、そうしなければならない」としている。[*83]

　ここでは、このブトゥリムの主張に対し、大きく二つの反論をもって、私の意見を整理しておく。一つは、ソーシャルワークは、人びとの権利擁護の実践をその起点としている。そのためには、社会環境の改善と開発が不可欠であり、冒頭から述べてきたように、ここへの着眼と実践が希薄なのが現在のソーシャルワークの課題である。だからこそ、人びとの「内部」の問題に終始したり、その周辺部分の調整に留まっていることが多いと指摘したのである。

　しかし、私は「内部」と「外部」の問題を、二律背反の如く、対立・分断化して捉えてきたわけではない。むしろ、ソーシャルワークの特有性は、この両者の相互作用に着眼するところに真骨頂がある訳で、双方をある意味一体的に、結合して検討することが必要となる。本書において、地域で個別に支援を必要としている人びとに対する地域包括ケアを通じて、地域変革と地域包摂、延いては、社会変革への道程を描いていく意味はまさにここにある。よって、ソーシャルアクションや社会変革は、個別の支援における同一線上にいつもあると捉えた実践が本来のあるべき姿であると私は考えている。ブトゥリムの主張は、この「内部」と「外部」の連動性・結合性が捉えられない点にこそ問題がある。

　今一つは、「社会変革」を定義の上でも、明示している専門職をソーシャルワーク以外に私は知らない。医師や教師も、社会変革を意図した実践を行っている者があることは認識している。しかし、彼らの専門職としての

---

*83　ゾフィア＝T＝ブトゥリム（1986）『ソーシャルワークとは何か　その本質と機能』(川田誉音訳) PP.17-19 川島書店

定義の中に、「社会変革」が明文化されていたり、それが中心的な役割として位置づけられていることがあるのであろうか。このことの意味を、私たちが自ら矮小化してしまえば、それは、自滅行為でしかない。

特に、医師等の医療職との関係で言えば、彼らは「内部」における生命の領域を司っている。ソーシャルワーカーが彼らと、「内部」の範疇のみの論争をした場合、人間の「内部」における最も重要度の高い領域を対象としている医療職の意見が優先化されるであろう。そうではなく、私たちは、この「外部」のあり方を同時に考えることによって、彼らが気づかない、人びとのもう一つの姿を提示することができるようになるのである。ここに、ソーシャルワークの独自性と卓越性が存在し、あらゆる専門職と対等で、かつ信頼される関係を構築することにも貢献するのだと思う。昨今、介護を含む社会福祉人材は、3Kの仕事であると吹聴されつづけ、専門職自体もその矜持を喪失しつつある状況がある。この失いかけた自負をもう一度取り戻すためにも、私たちは、「外部」への着眼と関与、その独自性を進展させていかなければならない。

ここでは、構造上の実践基盤としての「内部」と「外部」の均衡をとるために敢えて「外部」に傾注することや、私たちの独自性と矜持を取り戻すためにも「外部」へ着眼することの重要性を指摘した。現在を生きるソーシャルワークには、むしろ、構造上の実態をとらえた上で、このような対応力と柔軟性の高さ、そして、戦略的な展開が求められている。

社会変革における「社会」を広範に捉える

最後にここで本書が取り扱う「ソーシャルアクション」と「社会変革」について定義をしておく。『現代社会福祉辞典』によれば、「ソーシャル・アクション」は以下のように定義されている。

「社会的に弱い立場にある人の権利擁護を主体に、その必要に対する社会資源の創出、社会参加の促進、社会環境の改善、政策形成等、ソーシ

ャルワーク過程の重要な援助および支援方法の一つである」[*84]。

　要点としては、「社会的に弱い立場にある人」、暮らしに困難のある人びとによる視座を実践の起点と位置付けていること、そして人びとの尊厳保障がなされる社会環境の創出と発展を担う実践方法であると理解することができる。本書でも、ソーシャルワーカーが「私たちの支援を必要としている人びとから（社会を）捉える」ことの重要性は指摘してきた。ソーシャルワークの基盤には、このことと同時に、ソーシャルワークの価値が不可欠となる。端的にいえば、ソーシャルアクションは、人びとの尊厳保障がなされる社会構築のために社会変革を行う一つの方法として捉えることができるだろう。

　では、社会変革の「社会」とは何を指すのであろうか。ソーシャルワークの領域が、ミクロ・メゾ・マクロ全ての分野を内含していることや、これらすべての範疇の結合を意図した実践が求められていることは前述した通りである。であるならば、ソーシャルワークにおける社会変革とは、すべての領域における一体的な変容も含めて、それぞれの領域における変革として認識することができるだろう。世間一般として、想像されている世界的・全国的な大きな段階の変革だけを指すのではなく、家庭環境・施設環境から地域環境、制度・政策的環境、世界の潮流に至るまでのあらゆる段階における変化として理解することが適切であると考えている。つまり、人びとの「外部」における変容として広く捉えるべきものなのだ。

　ミクロの変革の積みかさねが、メゾ・マクロの改革へと連なることや、マクロの変革が、メゾ・ミクロに多大な影響を及ぼすことを考えればこれは自明の理であろう。そして、このように、社会変革をマクロ分野に限定することを避けることで、ソーシャルワークに汎用性の高い普遍的な位置づけを与えることができるし、同時にその伸張を推し進めることも可能に

＊84　野口定久（2003）「ソーシャル・アクション」編者：秋元美世・大島巌・芝野松次郎・藤村正之・森本佳樹・山縣文治.『有斐閣 現代社会福祉辞典』有斐閣（CD版）

第一章　ソーシャルワークと社会変革

なるだろう。マクロ領域に限った社会変革という想定では、多くのソーシャルワーカーにとっては、まるで他人事のように受け止めてしまいかねない。そうではなく、社会変革における「社会」をより広範に捉えることによって、すべてのソーシャルワーカーにおける実践の当事者性が高まるというものである。

　髙良麻子によれば、ソーシャルアクションには「闘争モデル」と「協働モデル」という2つの範疇が認められるという。そこでは、闘争モデルを「デモ、署名、陳情、請願、訴訟等で世論を喚起しながら集団圧力によって立法的・行政的措置を要求する」ものとし、協働モデルを「多様な主体の協働による非営利部門サービス等の開発とその制度化に向けた活動によって法制度の創造や関係等の構造の変革を目指す」ものとして定義がなされている。この定義の優れたところは、サービスや制度が機能する「しくみを開発」することや、「当事者のアクション・システムへの参加を促進する」こと、そして、これら実践の堆積によって「法制度の創造や関係構造の変革等」を推進する「協働モデル」を捉えたところにある。多くのソーシャルワーカーが従来より思い描くソーシャルアクションは、ここで言うところの「闘争モデル」が主流であったが、そこに「協働モデル」を付加することで、ソーシャルアクションの実践に幅と可能性が大きく開かれることになるからだ。このように私たちには、ソーシャルアクションを進展させていくために、多様なソーシャルアクションのあり方を模索していくことが求められている。

　以上の事柄を踏まえ、本書におけるソーシャルアクションを以下のように定義する。

「ソーシャルワークの価値である社会正義・権利擁護と、暮らしに困難のある人びとの視座を基盤とし、人びとの暮らしに必要な、人びとの

＊85　髙良麻子（2017）『日本におけるソーシャルアクションの実践モデル　「制度からの排除」への対処』PP.183-184中央法規

『外部』にあって、ミクロ・メゾ・マクロ領域の如何によらず、あらゆる社会環境の変革と創出を行うソーシャルワークにおける中核的な実践方法である」。

そして、ソーシャルアクションは、社会変革を意図した方法ではあるが、社会変革は、明白なソーシャルアクションによってのみ生み出されるものではない。先述したように、特段社会変革を意図せずとも、人権擁護を貫徹した個別支援も社会変革へと辿り着くことがあるし、多様な人びとの対話と関わりの創造を経て、その地域のあり方が変革されることもあるだろう。この点、金子勝は、これからの「社会変革の変化」を以下のように捉えている。少し長文にはなるが、本書の主旨でもある「地域変革から社会変革への道程」とも整合する論点であるので、その個所も含め引用しておく。

「（これから求められる）社会変革はどのような特徴を持っているのだろうか。その点で言えば、集中メインフレーム型から地域分散ネットワーク型に産業構造が変化するとともに、社会変革のあり方も変化してくる点に注目する必要がある。集中メインフレーム型の社会変革は『革命』であった。それは将棋の世界に似ている。集中メインフレーム型の経済社会システムでは中央司令部を握った方が勝ちであり、資本主義対社会主義が主要な対立軸であった。（中略）これに対して、地域分散ネットワーク型の世界では、一つひとつが地域ごとにバラバラに変わりながら、それらが次第にネットワークでつながっていく形になる。それによって、社会システムが、単なる行財政の地方分権ではなく、産業構造や意思決定も含めて地域分散ネットワーク型に変わっていく。その際、前述したように、エネルギー、社会福祉、食と農など、さまざまな分野で、地域ごとに住民が参加し自ら決定していく公共空間を作り出すことが重要になっていく。それは囲碁の世界に似ている。一見バラバラに起きたそれぞれの地域の動きがつながった瞬間に、相手の碁石が取られ、地が囲わ

れていくのである。(中略)それは、環境や安全という社会的価値が基軸となり、ネットワークで結びつくことによって、地域の住民が自分の地域のことを自己決定し、地域が自立できる社会なのである。それとともに、国民国家や社会も大きく変わっていくことになるだろう」[*86](括弧内は中島)。

このように、特別にソーシャルアクションを想定していなくとも、日々の支援過程において社会変革は起こっていくのだと思う。ここに、ソーシャルワークの醍醐味がある。また、金子は、地域住民の参加と自己決定が、これからの社会変革の原動力となると説いている。この点も、以下で論じていく本書の方針と一致する見解といえる。いずれにしても、明白なソーシャルアクションの有無によらずとも、ソーシャルワークの実践は社会変革を意図し、そこへ帰結しなければならないのである。

●社会変革と地域包摂
―― 本書で取り上げるソーシャルアクションの実践形態

二つの領域における社会変革――大同団結と政治的アプローチ

　以上のような社会に対する見地が基盤にあってこそ、ソーシャルワーカーは、社会正義と権利擁護の原理を中核に据えた真の社会変革の促進を果たすことができる。一方で、私は、社会変革を、あるべき社会への接近として捉えている。空間と時代を越えた全ての人びととの人権と多様性が尊重された社会。この大多数の人びとが志向するであろうあるべき社会への接近こそが、ソーシャルワーカーの挑戦する社会変革そのものであると考えているのだ。であるならば、ソーシャルワークが志向する社会変革は、「一部の人びと」の利益を保障する新自由主義が伸張した社会を改良し、この「一部

＊86　金子勝（2015）『資本主義の克服　「共有論」で社会を変える』PP.191-192集英社新書

の人びと」を加えた全ての人びと、すなわち人間の利益を希求した新たな社会の構築に多大な貢献を遂げていくのだと思う。ソーシャルワークには、その潜在的な力が確然として備わっていることをここで改めて指摘しておく。

　ここまでは、新自由主義が人びとの尊厳を毀損している事実を踏まえ（このことは二章でもさらに論及する）、そこで果たすべきソーシャルワークの全体像を示すことを試みた。現在の社会の趨勢をとらえれば、人びとの尊厳保障を果たすソーシャルワークの役割は社会的重要度を高め、その分うらを返して、実践に対する困難さも増加する傾向にある。別本『実践編』の四章以下では、この実践における困難を乗り越える方法について事例を交えて検討を重ねていく。

　前述した様に、本書では、人びとの尊厳保障を阻害する要因を、理解を進める便宜上、理念型として、大きく二つの視座で捉えている。一つは、人びとの暮らしに直接かかわる社会保障を中心とした（教育・文化・芸術・自然環境保全・防災などを含む）制度・政策の減退であり、今一つは、人びとの間にある互酬性や信頼の関係の稀釈にある。もちろん、この両者は相互作用の関係にあり、一体的に捉えていく必要があるだろう。よって、これらは飽く迄も、実践の端緒と理解を深める方法として二分化しているに過ぎない。そして、ソーシャルワークの意図する社会変革では、その双方が対象となることは言うまでもない。

　前者に対しては、専門職団体や施設・事業者団体、当事者や、家族からなる団体による連携を強化し、政府に働きかけていく大きなソーシャルアクションのうねりが不可欠となる。一般的に「クライエント」や「利用者」、「当事者」と呼ばれる人たちのことを敢えて本書で「人びと」と表現している理由の一つは、社会福祉従事者・「利用者」・家族を含めて考えれば、日本に暮す大多数の人間がこれに直接関与があり、またその対象となるからだ（「凡例」を参照）。

　もし、ここに医療従事者・患者・家族を加えれば、ほぼ全ての人間が対象となるであろう。さらには、教育分野を加えられれば、完全にすべての

人間が直接の関係者として該当する。まさにこの「人びと」が、年齢・疾病・障害の種別やサービス提供分野、社会福祉と医療などの専門領域などによって「縦割り」や「内部分裂」に陥ることなく、大同団結を果たすことが重要であり、大同小異を共有しつつ、連携への道筋をつくりだすことが、一つ目の阻害「要因」に対抗する唯一の方策であると私は考えている。そのためにも、「人びとの社会福祉を高める」や「人びとの暮らしを守る」などといった大局観ある目的を掲げ、それぞれの立場にある近視眼的な利益を脇に置いた連携を進めていく必要があるだろう。[87]また、ここにこそ、ネットワーキングやコーディネーションの技術を有するソーシャルワークの役割があると私は捉えている。

　この目標を実現するためには、政治に対する責任ある関与が不可欠となることも、これからのソーシャルワーカーは認識しておかなければなるまい。人びとの社会的権利を保障するために社会を変革するのが、私たちソーシャルワーカーの仕事であるならば、ソーシャルワークと政治は無縁なものとはなり得ない。髙良麻子も次のように指摘している。「政治的活動をどう捉えるのかも重要な論点となる。『すべてのソーシャルワークが政治的である』と言われるように、社会で生活している人びとを支援する以上、また法制度のもとで支援を行う以上、ソーシャルワークを政治から分離して考えることはできない」[88]。まさに、あらゆる社会的活動には政治的要素が含意されていることに、ソーシャルワーカーは強い関心と、そして、覚悟を有しておくべきである。

---

[87] 例えば、介護報酬の減算に対する対抗措置として、介護老人福祉施設や介護老人保健施設、グループホームなどそれぞれの事業毎の組織がバラバラに活動を展開しているが、少なくとも、介護保険事業者は一枚岩となり、介護報酬全体の維持と向上に尽力すべきである。また、介護報酬という枠組みでのみ考えるのではなく、診療報酬にかかる医療機関や障害福祉サービス事業者、「人びと」・家族などと広範な連携をとり、「人びと」の利益を代弁した大きなうねりを創造しなければなるまい。

[88] 髙良麻子（2017）『日本におけるソーシャルアクションの実践モデル 「制度からの排除」への対処』P.190 中央法規

全てのソーシャルワーカーが担うべき社会変革——地域における関係構造の変容促進

　次いで、全ての実践領域において共通するのが後者(「人びとの間にある互酬性や信頼の関係の稀釈」)への対応であろう。暮らしに困難ある人びとに対する支援を通して、地域の中で、「人びと」を排除や無理解の対象化から、相互に、理解と慮りの関係へと再興していくこの取り組みこそがソーシャルワークそのものであると言える。また、この実践は、髙良が定義したソーシャルアクションの「協働モデル」における「関係構造の変革」に該当するものとして捉えることができる。

　同時にこのことは、冒頭より論じている「新自由主義の衝撃によって社会的連帯の旧来の絆が破壊されていることに対する反発」としての「ナショナリズムの勃興」を阻止することに資するだろう。デヴィッド＝ハーヴェイも「破滅的な結果を避けるためには、新自由主義の諸矛盾に対する新保守主義的回答を拒否しなければならない」と述べている[*89]。私たちは、新自由主義によって破壊された社会的連帯や共同性を、ナショナリズムや新保守主義に頼ることなく、すべての人びとの尊厳が守られるまちづくりを志向した活動の中でこそ復興していく必要がある。この過程において、各地における多様性や互酬性、信頼関係の構築を果たさなければならない。ここにソーシャルワークの重要な役割があるし、この実践を通して、ソーシャルワークが世界の平和に大いに貢献し得ることもより明確になるだろう。

　ただし、この様な信頼の関係は、関わりの密度が低く匿名性の高い広域の単位では生まれにくい。それゆえ、人と人とが出逢い、日常的な対話と関わりのもてる範囲としての地域を基盤として、社会的連帯・共同性の復興に向けた実践は、展開されるべきだろう。この意味において、後者は、地域を基盤としたソーシャルワークがその対応を担うことになる。私たちの支援を通して、暮らしに困難ある人びとと、地域住民との直接的な関わ

＊89　デヴィッド＝ハーヴェイ(2007)『新自由主義　その歴史的展開と現在』(渡辺治監訳)PP.120-121作品社

りや対話の機会を地域に数多創造し、障害や認知症、差別、貧困などによる暮らしの困難を、地域住民に身近なものと捉えてもらい、延いては、自らのことと実感してもらう、地域住民に対する意識・感情・行動の変化、すなわち、アイデンティティの変容を促進するソーシャルアクションを起こすのがこの領域なのだ。前者（「社会保障を中心とした制度・政策の減退」）に対する行為が、政治・行政に働きかけを行う社会構造全体の変革を狙った実践であると位置付けるならば、これらの展開は、地域包摂や地域変革を対象にとらえた領域であると言える。

　当然に、この大きく2つの視点で捉えた社会の変革は、両者の共同歩調をもってこそ初めてその実効性を発揮する。また、双方の実践を常に意識しながらあらゆるソーシャルワークは展開されるべきであろう。その事を前提としつつ、本書では、後者の地域における社会変革のあり方に焦点をあてて描いていく。病院や施設であれ、高齢者住宅であれ、在宅であっても、独立型社会福祉士も、所属先の有無や如何を問わず、あらゆるソーシャルワークは地域を基盤に展開されていかなければならない。人びとにとってより直接的で、最も多大な影響を与えている社会環境が地域であるからだ。であるならば、全てのソーシャルワーカーにとっても、最も身近で、実現可能な社会変革の形態は後者にあると言える。

　ソーシャルワークの領域では、社会変革の重要性は認識されながらも、その具体的な方法論への論及と実践は実に少ない。私たちが次の世代のソーシャルワーカーに残すべきは、社会変革の重要性の再認識と同時に、その具体的な実践形態を示していくことにある。政治や行政への働きかけを通して、社会構造全体に変革を迫るソーシャルアクションは、絶えずその認識は視野に収めるべきものの、全てのソーシャルワーカーに直接的な実践が成し得るものではない。この形態のソーシャルアクションは、専ら、全国や世界レベルにおける活動の許されたソーシャルワーカーに委ねられることになるからだ。

　一方で、地域を基盤とし、地域の人びとの意識と行動変容を果たし、地

域変革と地域包摂を展開するこの種の社会変革は、実に多くのソーシャルワーカーが到達し得る実践形態である。であるがゆえに、まずは、このソーシャルアクションの実践形態を次世代のソーシャルワーカーに残していかねばならない。ソーシャルアクションやその結果としての社会変革を、これからの若いソーシャルワーカーに、実はそれほど身構える様なものではなく、より一般的なものと捉えてもらい、その実践を押し広げていく駆動力となることを本書は目指している。また、この継承こそが、今のソーシャルワーカーが、未来のソーシャルワーカーに堆積して残しておかなければならない理論であり実践となるであろう。

　言うまでもなく、過去－現在－未来は連続した関係にある。先のアジア太平洋戦争直前に、あの侵攻と参戦を防げなかったように、その過ちを未然に防げたのはそのさらに前の時代の人びとであった。そのような時代の連続性を捉えた上で、今の私たちが、次の、そのまた次の世代の人びとに何を残すことができるのかを真摯に考えておく必要がある。もう二度と、重大な過ちを繰り返さないために。

ミクロ・メゾ・マクロを結合した展開

　もちろん、マクロ領域の社会変革とメゾ領域の地域変革の両者は両輪であり一体の関係にある。であればこそ、地域変革の堆積は、社会変革へと繋がっているし、その逆も然りである。ジム＝アイフは、グローバリゼーションの潮流はその流れを変化させながらも存在し続けるとした上で、グローバリゼーションによって「弱体化した国家の時代に、強力な福祉国家が生き残れるかどうかについては、人は懐疑的であり続けなければならない」とし、従来の「国家」と個人の関係ではなく、グローバルと地方の結合を意図した新しい社会構築に向けてソーシャルワークが大いに貢献できると論じている。そして、このグローバルと地方の結合においては、「最早『グローバルに考え、地方的に行動』できるのではなく、むしろ地方的およびグローバルな双方のレベルで考え行動し、双方を結合することが必要」

であり、「我々のクライエントたちの諸問題は、部分的にはグローバルな諸勢力によって引き起こされており、もし我々が十分な解決を求めるならば、グローバルな行動に携わる必要」があることを示すと同時に、「ソーシャルワーカーたちは、分析と行動の双方の点で、個人から構造的なものへ（またパーソナルから政治的なものへと）実践を広げることができるようになっている」とグローバルと地方を一体的に捉えたソーシャルワークの必要性を指摘している。

加えて、私たちの一般的な実践のあり方として、グローバルなレベルで標榜されている人権尊重と、地方で取り組まれている人間のニーズへの対応を挙げて、グローバルと地方の結合を成し遂げるためには、「（普遍的とみなし得る）人権と（相対的とみなし得る）人間のニーズの間による強力な概念的結合を樹立し、2つの議論の融合を促進すること」（括弧内は中島）が必要であるとの認識の披瀝がある。

ここで確認しておくべきことは、「グローバルと地方的とを結び付けて、個々の地方的行動を集合的に意味づけ、そしてグローバルな変化を地方的な経験と地方的なプログラムに結合することによって、弁証法そのものに取り組むこと」、つまり、ここまで論じてきた社会変革と地域変革を一体的に捉えて実践することの重要性である[90]。今を生きる私たちには、社会福祉の領域にかかわらずあらゆる分野において地域変革と社会変革を一体のものとしてとらまえた実践が要求されているのである。

地方が政府の方針をつくる地方創生

そう考えれば、現在政府が推し進めている地方創生における本来のあるべき姿も見えてくる。地方創生とは、単に地方を変容し、創造することの

[*90] ジム=アイフ（2003）「地方化したニーズとグローバル化した経済——ソーシャルワーク実践とのギャップを埋める——」カナダソーシャルワーカー協会編『ソーシャルワークとグローバリゼーション』（日本ソーシャルワーカー協会国際委員会訳・仲村優一監訳）PP.47-67 相川書房

みを指すのではなく、政府を含めた社会全体の変革と構築が同時に組み込まれていなければならない。しかし、現状の社会では、政府が地方の変革を促す言葉として、地方創生が用いられているように見受けられる。山下祐介は、政府の「地方創生」に多分な影響を与えてきた「増田レポート」について次のように評している。

「増田レポートは、『中央と地方の関係を変える革命的な本だ』みたいに言われます。が、あの本の論理を追うかぎり、国家は変わる必要はないようです。地方だけが変化を要請されています。地方だけ変わるという意味は、地方が競争するということです。だから、ここには革新的なものは何もない。中央は高見の見物です」[*91]。

繰り返しになるが、政府自身の変革が同時に装置されていなければ、真なる地域創生に向けた取り組みは画餅に帰してしまうだろう。

そもそもの話し、地方に変革を迫る以上、その向けた矢は、政府の側にも返ってくるのだから、それは提案者の政府自体の改革も同時に要求されることになる。政府にその自覚が乏しければ、地方創生は確実に立ち消えとなってしまう。またこれは、本書で取り上げる地域包括ケアにおいても全く同様のことが言える。若干逸れた話をもとに戻すが、ソーシャルワークにおいても、社会変革と地域変革は結合されていなければならない。このことを大前提として、理念型として、後者の地域変革に焦点をあてて描いていくことにする。

地域包摂から社会変革へ

本書では、地域包摂の具体的な実践事例を通して幾つかの実践形態を示していくが、そこで基調となるのは、地域で、多様な人びとにおける対話

[*91] 山下祐介（2015）「『地方創生』は地域への侵略である」山下祐介・金井利之『地方創生の正体　なぜ地域政策は失敗するのか』P.67 ちくま新書

や関わりの機会を数多創出していくことで、それが、多様性の尊重や互酬性、信頼関係の醸成に連なることの肝要性にある。従来取り組まれている認知症サポーター養成講座や人権啓発講座などの講義や演習による知識の伝達という方法に偏よらず、あらゆる地域住民に、「人びと」への対話や支援に参加をしてもらうその体験と状況を経由して、「人びと」の困難を身近なものと捉え、自らのこととして実感してもらう相互学習と共通理解を地域に創出していく方法を本書では描いていく。

　そこでは、地域を基盤とした多様な人びととの直接的な関わりを通して、多様な他者に対する理解と慮りを地域に醸成する地域包摂の展開があるのだが、これら実践の成果が、地域包摂に終始するはずもないことにも言及しておく必要がある。それは、直接の対話と関わりを通して、多様な他者への理解と慮りをはじめた人びとは、今度は、空間と時代を越えた日常的に接点のない他者への理解と慮りの行動を獲得すると考えられるからだ。私たちは、身近な地域における学びを通して、私たちの暮らす地域を超えた沖縄や福島、延いては、中東やアフリカの人びと、かてて加えて、今の時代を未だ生きてはいないこれから生まれくる人びとに向けて、共通理解の模索を始めることができるのだと思う。まさに、ここで利己性から利他性への転換が伸展していく。であるならば、如上の地域変革の実践は、確実に大きな社会変革へと繋がっていくと言えるのだ。

● 地域包括ケアから地域変革へ
　── 従来の地域包括ケアに欠けていた「まちづくり」と「住民参加」

地域包括ケアを捉える視座

　さて、本書で取り上げていく地域包括ケアと、以上で展開してきたソーシャルワーク論には如何なる関係があるのだろうか。一つの結論を先述すれば、個別支援としてのケアと地域支援たるまちづくりの有機的複合概念の地域包括ケアには、ソーシャルワークがその基盤になければ成就しない

と私は考えている。もちろん、地域包括ケアを、財政論（費用抑制）で捉えるのか、医療・介護論（ケアの質向上）で考えるのか、あるいは、社会福祉・地域福祉論などを基盤に「まちづくり」を中心に検討するのか、はたまた、これらすべてを網羅した視点で進めていくのかによって、その進め方はまちまちであり、その整理も十分になされていないわけだが、本書では、人びとの権利擁護に資することを目的とした地域包括ケアを想定して書き進めていく。[*92] 先に挙げた例で言えば、財政論（費用抑制）を除いた残り二者（「ケアの質向上」と「まちづくり」）の観点で論じていくことになる。そもそも、財政論（費用抑制）で捉えるのであれば、この議論自体にソーシャルワーカーの私は不要であり、経済学者や財政学者を中心に議論を進めてもらえれば結構だと思う。よって、自明の理として、本書では、権利擁護を志向する地域包括ケアを前提に、その展開を押し広げる理論と実践について検討を重ねていく。

個別支援と地域支援の視点を同時に有するソーシャルワーク

　そのことを前提にもう一度振り返れば、現下の地域包括ケアは、医療の専門職と研究者を中心とした展開が一般化している。地域包括ケアにかかる書籍の執筆者や、政府の審議会、基礎自治体の委員会の構成などを見ればこれは明らかであろう。そもそも、高齢者を対象に据えている地域包括ケアでは、医療分野がその中心的役割を担ってきた。

＊92　太田貞司（2015）「『地域包括ケアシステム』を考える」日本ケアマネジメント学会『ケアマネジメント学　No.14/2015.12』「この意味で、『地域包括ケアシステム』構築を社会保障削減と地域づくりという2側面でみる。この構築については、これまで介護保険、また医療の側からさまざまに論じられてきたが、介護保険だけでも、医療だけでも十分ではない。『費用抑制』なのか、『地域づくり』なのか、あるいはその両者なのかで、論じ方も異なる」P.6。「『地域包括ケアシステム』構築の課題は、形は変わっても高齢化した先進国共通のもので、『費用抑制』と『ケアの質』（地域福祉の視点でいえば、要介護者と家族介護者の日常生活の営みの支援）の試みは、『社会実験的』側面をもつといってもよいだろう」P.7。

アメリカのジャクリーン=アザートによれば、アメリカの高齢者分野では「社会的ニーズよりも医療ニーズに対してより注意が払われて」おり、政策的観点からも、そこに「社会的ニーズを医学用語で言い表そうとする社会風潮の進展」があるとの指摘がある。加えて、これらのことは高齢者に特有のことではなく、「アルコール依存症、薬物濫用、精神障害、児童虐待は、すべてある点において社会的概念としてよりは、生物学的概念で説明されてきた」と述べている[*93]。以上のことは概して、アメリカ独自の「風潮」ではないはずだ。

　しかし敢えて繰り返せば、地域包括ケアには、個別支援のケアという機能のみならず、地域支援としてのまちづくりの要素が含意されている。この概念に従えば、医療・介護・心理分野における専門家だけでは、実践を促進することができない。この個別支援と地域支援の視点を同時に持ち、双方を実践領域としている専門職は、ソーシャルワーカーと保健師しか見当たらない。そして、中でも、社会モデルと生活モデルに依拠したソーシャルワーカーには、人びとの権利擁護に資する地域変革に対する卓越性がある。そう考えれば、地域包括ケアの進展には、ソーシャルワークが欠かせないことが理解されるであろう。

まちづくりと"ヒラ"の住民参加に着目する

　2006年に地域包括支援センターの創設後、地域包括ケアの概念が浮上し、2012年からは介護保険制度の骨子として地域包括ケアが掲げられてきた。この間、個別支援の専門職・組織の連携が地域包括ケアに連なるとの考えは定着している。まさに、多職種連携の重要性が謳われてきた。もちろん、医療と社会福祉（介護）の連携に見るように私たちはこの課題を乗り越えたわけではない。この実践を進めながらも、果たして、この路線を

---

*93　ジャクリーン=アザート（1986）「高齢者問題の医療化」ステファン=ローズ編（1997）『ケースマネージメントと社会福祉』（白澤政和・渡部律子・岡田進一監訳）PP.260-261 ミネルヴァ書房

伸長すれば、私たちは、先述した地域包括ケアへと辿りつくことができるのであろうか。答えは否である。

　何度か叙述しているように、ここには地域全体をどのように再構築するのか、まさにまちづくりの要素が欠落しており、この領域を度外視しては、地域包括ケアの今まで以上の進展はあり得ないからだ。本書で述べる「まちづくり」とは単なる「まちおこし」ではない。一言でいうなれば、「全ての人びとの尊厳が守られた地域社会の構築」となる。では、この様なまちづくりの主体者は一体誰であろうか。言わずもがな、そこで暮らす全ての人びとにあるはずだ。であるならば、地域包括ケアにおけるまちづくりの要諦は、これらの人びと、すなわち地域住民の参加がなければ成就しないばかりか、その意味すらなさない。従来の地域包括ケアにかかる議論で、決定的に不足していたのはこの住民参加の視点であった。

　ここで強調しておきたいことは、自治会・老人クラブ・民生委員・ボランティア組織の役員も、もちろん地域住民であるのだが、それ以外の人びとも地域住民であるという当たり前の事実である。まちづくりの担い手がすべての地域住民である以上、自治会・老人クラブ・民生委員・ボランティア組織の役職者などに参加を求めればそれで事足りるということにはならない。

　しかし、どうであろう。地域包括ケアにかかる基礎自治体の委員の構成や地域ケア会議の構成員は専らこのような人たちが担当しているのではあるまいか。つまり、ここで論じておきたいことは、住民参加が重要なのだが、一部の住民だけが参加すればよいということではないということにある。特に、何ら役職についているわけでも、取り立てて地域活動での役割を担っていない"ヒラ"の地域住民による参加が不可欠であることを確認したい。

　ところで、なぜこのような議論がこれまで等閑に付されてきたのであろうか。一つは、財政論（費用抑制）を中心に近視眼的な社会的コストの削減に焦点化した目的が据えられてきた節があること。これは冒頭から述べ

ている新自由主義の影響を多分に受けた帰結として捉えることができよう。二つ目には、個別支援を職務とする専門家が中心に議論を進めてきたこと、最後に、地域の共同性が減退している中で、そのことの重要性は理解しつつも、その実践が容易では無かったことが想定される。しかし、あらゆる住民の参加を果たすことの利点は計り知れない。

ソーシャルワークが地域包括ケアを進展させる

冒頭から一貫して、人びとの権利擁護に資するための社会変革の重要性を訴えてきたが、事実、人びとの権利侵害を防ぎ、自由意思を最大限に尊重する支援を展開するためには、それを阻害している社会構造を変革していかなければならない。本書では、この社会変革を、制度・政策に対する変革と地域における人びとのアイデンティティの変容という2つの変革に理念型として区別し、この後者の社会変革を中心に描いていくことを論じてきた。

実は、この地域包括ケアに対する住民参加を促すことによって、この後者の社会変革はかなり進展していくものと私はとらえている。つまり、地域包括ケアは、住民参加という過程を経由し、そこに参加を果たした全ての人びとの意識・感情・行動の変容を促し、地域包摂や地域変革へ帰結することにこそ真骨頂があると捉えているのだ。また、このような実践の基盤には、人びとの抱える困難に、人びとに焦点化した支援ではなく、人びととその背景にある地域を一体的に捉えた支援を展開するソーシャルワークの知見がなければならない。おそらく、ソーシャルワークの観点が含意されていなければ、地域包括ケアに住民参加を促し、地域包摂を遂げていくという提案は生まれないだろう。

よって、本書では、地域包括ケアを、地域における個別支援の集積や多職種連携に終始することなく、そこに加えて、全ての住民の参加を促すことの重要性を示唆した上で、この住民参加における困難を乗り越える方法と、延いては、地域包摂に資する方法について検討を重ねていく。このことは、地域包括ケアにおける「まちづくり」に着眼した接近であるとはいえるが、

ここで描いていくものは、巷間でよく見受けられる皮相的・理念的な「まちづくり」ではない。これは、ソーシャルワークの観点から捉えたまちづくりであり、地域で暮らす全ての人びとの尊厳が守られた社会を築くことを目的に、人びとの具体的な行動変容を意図した実践であると言えるからだ。

このようにソーシャルワークに依拠した地域包括ケアの展開は、暮らしたい場所で暮らし続ける「人びと」の権利を守る事と同時に、その活動に参加した(「人びと」と私たちも含む)全ての人びとのアイデンティティの変容を促進し、地域包摂と地域変革へと帰結することを確認しておく。

●私たちはいつから「経済学者」になったのか
── ソーシャルワークの価値に依拠した理論と実践を貫徹せよ!

本書では、財政論的な費用抑制からの観点ついては、敢えて黙殺することにしている。一つはっきりとさせておきたいことは、ソーシャルワークの使命や責務にこの費用抑制は含まれていない。むしろ、人びとの権利擁護を促進するために、必要な費用は積極的に支出するべく働きかけることこそがソーシャルワークであるはずだ。

日本にケアマネジメントが導入された頃から、つまり、措置制度から契約制度への移行の先駆けとしての介護保険制度が導入された時点から、この費用抑制論が、私たちの領域にも顕著に侵食し現在に至っている。この間驚くべきことに、多くの社会福祉実践家や社会福祉研究者が、費用抑制論に依拠した社会福祉論と実践を展開してきている。本来ならば、人びとの暮らしを守り、その質を高めるためには、どのような社会資源や財政的担保が必要かを証明していくはずの社会福祉専門家が、どこで道を踏み外したのか、まず先に、国家・地方財政に配慮し、そこを忖度した上で、人びとの暮らしを捉えているように思えてならない。

私たちは、いつから経済学や財政学の専門家になったのであろうか。しかも、経済・財政学の専門家の中にも、社会保障費を安易に削減すること

に異論を唱える人たちも存在する[94]。つまり、経済・財政分野の専門家の中でも意見は分かれている。であるにもかかわらず、門外漢の社会福祉専門家が、政府の財政抑制論に加担している実態はあまりにも嘆かわしい。誤解を解くためにも言っておくが、私は、社会福祉専門家が、経済や財政の問題に首を突っ込むなといいたいのでは断じてない。むしろ、以下のジム＝アイフの言葉のように、社会福祉専門家の立場から積極的に財政問題に関与をするべきだと考えている。

「すなわち、市場のみが人間のニードの平等な充足の最良の仕組みであるとは限らない。もし何らかの形のグローバルな市民社会を発展させ維持するためには、そして人権についての基本的仮説に従って生活の質を高め守るのであれば、経済的関心とともに社会的諸条件を考えに入れなければならず、経済政策と共に社会政策も考慮されなければならない。ソーシャルワークは明らかにこの協議事項に重要な貢献をすることができる[95]」。

しかし、それは、費用抑制論を擁護し、人びとの尊厳を毀損へと連ねる財政論ではなく、人間の尊厳を守るために、社会保障や教育の充実を目的に据える財政論でなければならない。社会福祉専門家は、人びとの権利擁護の観点から、財政論を語らなければならないのだ。そして、私たちが財政論に踏み込む際は、この費用抑制論に準拠するのではなく、ソーシャルワークの理念と思いを一にする、経済の専門家との連携を図って対応すべきなのである。

経済・財政の分野に対する働きかけを行うことは、重要なソーシャルア

---

[94] デヴィッド＝ハーヴェイやスーザン＝ジョージ、井手英策、植草一秀、金子勝、権丈善一などの本章での引用文を改めて確認されたい。

[95] ジム＝アイフ（2003）「地方化したニーズとグローバル化した経済——ソーシャルワーク実践とのギャップを埋める——」カナダソーシャルワーカー協会編『ソーシャルワークとグローバリゼーション』（日本ソーシャルワーカー協会国際委員会訳・仲村優一監訳）PP.54-55 相川書房

クションの一つではあるが、あくまでも、私たちの責任を負うべき仕事の中核は別のところにある。私たちは、専門外の経済学ではなく、社会福祉の専門家としてその道の理論に依拠し、人びとの権利擁護に資する実践と、そのために必要な社会資源を開発していくことこそが求められている。

むろん、こう述べれば、支出の増大だけを訴え、財政の手当てにまで言及しないというのは「無責任だ！」、との批判をする者が現れるかも知れない。だが、人びとの最低限の尊厳保障が毀損されている実態を放置するその行為こそが無責任であるし、私たちは自らが財政的負担を負うことを決して否定すべきでもない。

財政論を第一義とする主張のほとんどは、既定の歳入を優先に人びとのニーズを測っているようだが、その逆に、人びとのニーズを中心に、増税等の税制や社会保険料の見直しによって、歳入を確保する方途を検討する道も残されているはずだ。前出の井手英策によれば、「財政学の伝統的な考え方として『量出制入』原則」があり、そこには、「支出を量って収入を制する、つまり、人びとのニーズをはじめに考え、そのために求められる財源を、みんなで負担し合うと言う意味」があるとの説明がある。[*96]

このように、財政論を語る以上は、費用抑制のみならず、費用の積極的な支出もその範疇にあるはずなのだが、社会保障にかかる議論では、全てが費用抑制を前提に話が進められている。事実、東京オリンピック然り、伊勢志摩サミットや、防衛費などの分野では、その必要度の十分な議論もなされぬまま積極的な財政支出が展開されているではないか。これらの分野に対比して、こと社会保障に関してのみを費用抑制で対応しようとしている、このこと自体が、かなり偏向した議論であると言わざるを得ない。この様に、経済の研究者にも色んな立場があるにもかかわらず、門外漢の私たちが、人びとの尊厳の毀損に加担する偏った経済学の理論に依拠することで、翻って、社会保障・社会福祉そのものを歪曲させていることに気がつく必要がある。

＊96　井手英策（2013）『日本財政　転換の指針』PP.145-146 岩波新書

以上を鑑みれば、人びとの尊厳が稀釈されている現状を打破するために、財源論から目をそらし、社会の仕組みを変える努力もせずに、その惨憺たる現状を宿命論的に受け入れているこの姿勢こそを「無責任だ！」と批難するべきであろう。これら、費用抑制論にからめとられて、私たちが本来議論を積みかさねるべき本質論が浅薄な状況となっている現状を踏まえて、本書では、敢えて、費用抑制の観点は度外視することにする。この様な費用抑制に偏重した構造的基盤における欠陥を是正することも本書の目的の一つとして挙げておく。

第二章
「暮らしたい場所で暮らし続ける自由を守る」
●新自由主義における「自由」の実相

●暮らしたい場所で暮らし続ける自由を阻害するもの

「コンパクトシティ」と「生涯活躍のまち（日本版CCRC）」構想の悲劇

　本章では一章に続いて、新自由主義がソーシャルワークの実践領域にいかなる弊害をもたらしているのか、そして、その障壁を乗り越える方法の端緒を示すために、より具体化して説明を重ねていくことにする。

　地域包括ケアの概念としては、人びとが希望する場所における暮らしの支援がその根底にある。人びとが、たとえ、どのような状況におかれたとしても、その自己決定を保障することこそがその要諦となる。しかし、他方で、政府は、「コンパクトシティ」論や「生涯活躍のまち（日本版CCRC《Continuing Care Retirement Community》）」構想などを「地方創生」のテーマとして掲げている。とりわけ政府が力を入れ、「地方創生」の目玉として標榜している「生涯活躍のまち（日本版CCRC）」構想は次のように謳われている。

　「『生涯活躍のまち』構想は、『東京圏をはじめとする地域の高齢者が、希望に応じ地方や「まちなか」に移り住み、地域住民や多世代と交流しながら健康でアクティブな生活を送り、必要に応じて医療・介護を受けることができるような地域づくり』を目指すものである。本構想の意義としては、①高齢者の希望の実現、②地方へのひとの流れの推進、③東京

圏の高齢化問題への対応、の3つの点があげられる[*1]」。

　このことは、社会的連帯や共同性の稀釈化にさらなる拍車をかけ、人びとの尊厳を毀損することへの帰結を見るであろう。なぜならば、これらの理論は、人間を、個人として捉えずに、その集合体のあり方としての人口分布で捉えた上、個人の尊厳ではなく、経済の効率性を優先した思想で構成されているからである。
　つまり、表向きには「高齢者の希望の実現」と言いつつも、経済の非効率性を取り除くことを第一義とし、都心・都市部から地方へ、過疎地から市街地へと人間の移住を推し進めているのだ。山下祐介が指摘する「地方創生」が地方に与えている以下の「圧力」はこのことを如実に物語っている。

　「人口が減少してきたので、地域サービスの存続が困難になってきたから、そろそろこの地域には山から下りてきてもらわなくてはならないかもしれない。あるいは離島からこっちに出て来てもらわなくてはいけないと。人口減を理由にインフラや行政サービスをはずそうという話ですが、要するに『少人数地域に財政を使うのはもったいない』という話になってきている。しかしこれは排除です。そもそもインフラというものは、満遍なくつくることによってみんなで使うものです。ところが、一番奥の小さい地域だけそのコストを計算し、これぐらいの金額が浮くのだからあなたたちは消えてよ、とそういう形の議論になりつつある[*2]」。

　加えて、この今あるコミュニティの中に、全く新しいコミュニティを創出する営みからは、既存のコミュニティの衰退にも連なるであろう。このように「何か」の基準に則り、「誰か」の意図に沿って構築されたコミュニ

---

*1　日本版CCRC構想有識者会議「『生涯活躍のまち』構想（最終報告）」
*2　山下祐介（2015）「『地方創生』は地域への侵略である」山下祐介・金井利之『地方創生の正体　なぜ地域政策は失敗するのか』P.69 ちくま新書

ティは、既存のコミュニティの中に、さらに閉ざされたコミュニティを創出してしまいかねない。

　確かに、地域は、「あるもの」ではなく、「つくられるもの」かもしれない。しかしそれは、そこで暮らす全ての人びとの主体性と共通理解に基づいてつくられていくべきものである。さらに言えば、その地域の、過去－現在－未来という連続性のなかで創造されていくものである。そして、そのつくられ方は、地域性によって様々な価値に依拠した多様性に富んだものでなければならない。経済の効率性という特定の価値観に準拠するものでは断じてないし、都市部から、そして、外部から一時的にやってきた者（「コンサルタント」や「デザイナー」）や、特定の地域住民だけで、設計して、つくり上げるものであってもならないのである。
　以上の事からもこの「コンパクトシティ」論や「生涯活躍のまち（日本版CCRC）」構想は、ソーシャルワークの価値からは相容れない論理であるので、その見地からは反駁すべき対象となるはずだ。しかし、思いのほか不思議にも、反対の声を上げるソーシャルワーカーの存在をあまり耳にしないのはなぜだろうか。
　また社会保障に直接的にかかる財政状況を見てみると、財務省の6％削減提言（2014年10月8日）を受けて、厚労省は2015年度の介護報酬を2.27％削減する決定を下した。その詳細を見る限り、報酬を下げる代わりに、人員配置の兼務容認や、利用定員の拡張等の規制緩和と効率化を認める内容となっている。このことは総じて、介護保険事業者の財政状態の悪化と運営上の煩雑さを招き、介護サービスの質の低下に帰結するであろう。
　以上みてきたように、安倍政権の社会保障に対する視座が、新自由主義の系譜に則ったものであることは言うまでもあるまい。そして、当然のことながら、新自由主義が、人びとの社会的連帯と共同性や社会福祉サービス、人びとの暮らしの質を貶めるものであることも然りである。[*3]

＊3　イアン＝ファーガスン（2012）『ソーシャルワークの復権　新自由主義への挑戦

しかし、この趨勢にあって、ソーシャルワーカーとして改めて疑問に思うことがある。それは、新自由主義が浸透した現下の社会では、むしろ人びとの自由が著しく制限された状況にあるのではないか、という問題である。なぜならば、私たちの支援を必要としている人びとの自由が、この時勢に反比例して奪われ続けているからである。限られた紙幅ではあるが、以下簡潔に幾つかの例を示しておく。

社会保障の減退が人びとの自己決定を制限する

　厚労省の調査によれば、多くの人びとは、要介護高齢者となっても住み慣れた場所での暮らしを望んでいることが分かる。しかも、施設への入所を希望したとしても、その理由を問えば、「家族に迷惑をかけたくないから」という回答が多くを占めているのが現状だ[*4]。またこれら介護保険サービスを利用する為に必要な要介護（要支援）認定の申請や、介護保険事業者との利用契約の締結、居宅サービス計画（支援計画）に対する同意も「人びと」自らが行うことは稀であり、その家族（「要介護《要支援》認定の申請」の場合は専門職）が代行を担っているのが専らである。また、これら家族の決定に多大な影響を与えているのは「人びと」本人の意思ではなく、その本人の支援に携わっている医療・社会福祉専門職の意向であることも

と社会正義の確立』（石倉康次・市井吉興監訳）クリエイツかもがわ　本書では、社会福祉分野への新自由主義路線の浸透が貧困と格差を増幅し、社会福祉サービスにおける市場化や消費者化がソーシャルワークの変質をもたらしていることを示している。これらは、日本の現在状況と平仄の合う理論として捉えることができる。

＊4　厚労省　社会保障審議会・介護給付費分科会第70回　資料（2010年12月24日）「『介護保険制度に関する世論調査』について」PP.1-12　「介護を受けたい場所については、『現在の住まいで介護を受けたい』と考えているものが最も多くなっており（37.3％）」を占めている。その他、「特別養護老人ホームや老人保健施設などの介護保険施設に入所して介護を受けたい」が26.3％と「介護付きの有料老人ホームや高齢者住宅に住み替えて介護を受けたい」が18.9％、「病院に入院して介護を受けたい」が12.9％あるが、これら「介護施設等を利用したい理由」としては、「家族に迷惑をかけたくないから」が76.7％の約8割を占めている。

一般的だ。
　この様な過程を経て定められた人びとの自己決定は、決して本人の自由意志に基づいたものとはいえず、むしろ、周囲からの「強制された自己決定」であると言える。それが意図的であるのかどうかの如何にかかわらず、本人の意思を度外視し、周囲の都合を優先化した形式的で無内容な自己決定が蔓延しているのである。
　また、個人の尊厳保障を目的に入所施設の個室化を推進してきた厚労省も、低所得者に対する負担軽減と財政難を理由に、これに逆行すべく相部屋容認へと態度を変節している。「相部屋」の方が入所者の孤立化が防げて良いとの意見も見られるが、問題なのは、「個室」か「相部屋」かの選択にかかる自己決定が所得の多寡や待機状況に応じて制限されていることにある。その何れを選択するにせよ、低所得者にとって、また、多くの待機者にとっても自由な選択ができていないことに問題がある。
　特別養護老人ホームの待機者数は全国で52万人を超えると言われており、その受け皿として、厚労省と国交省の共管となるサービス付き高齢者向け住宅（以下サ高住という）に期待が寄せられている。しかし、全国のこれらサ高住の平均利用料金は、月額約18万円（介護サービス及びその他の費用を含む）と一般の高齢者が自らの年金で対応できる範疇にはない。[5][6]

＊5　財団法人高齢者住宅財団（2013年3月）「サービス付き高齢者向け住宅等の実態に関する調査研究」P.19・P.134　敷金の平均額は157,960円。1月家賃の平均額（最低家賃）：55,093円、共益費：18,094円、サービス費：15,912円であった。食費の平均額は（3食1月分）は42,657円であった。食費を除いた月々の最低支払総額の平均額は88,882円、食費を含むと131,615円となった（すべて設定がある物件の平均）。

＊6　公益財団法人家計経済研究所「在宅介護のお金とくらしについての調査」調査時期：2011年9月〜11月（2011年10月分の家計）　1ヵ月の在宅介護の高齢者のための費用「要介護高齢者のために1ヵ月に使ったお金は、平均で6万9千円（中央値では4万4千円）でした。そのうち、介護保険の居宅介護サービスの利用料（介護保険1割自己負担分＋全額自己負担分）には平均3万7千円（中央値は1万1千円）、介護サービスの利用以外にかかった費用（おむつなどの購入や医療費など）は、平均3万2千円（中央値は1万5千円）でした。要介護度が上がるにつれて、介護サービスの利用料が増

国民年金の平均は月額約5万5千円、厚生年金では約15万1千円であるから、多くの人びとは年金を全てこれにつぎ込んでもサ高住に入居が出来ないのが現状だ。*7 以上のことは当の介護サービスのみならず、日本の住宅保障の脆弱さをも示している。

　この様に、社会保障が等閑になればなるほど、人びとの自由は却ってそれに反比例するかのように毀損されていく。新自由主義の「自由」は、すべての人間の自由を認めていないという意味において、皮相的なものでしかない。そして、今一つ、確認しておかなければならないことがある。それは、仮に社会保障の充実を図りこそすれば、これらの人びとの自己決定や自由への困難は解消するのだろうかという問題である。残念ながら、「最低生活の経済的保障を目的とする社会保障制度」*8 の充足のみをもって、人びとの自己決定と自由が保障されるものではないと私は考えている。幾つかの事象を用いてこの問題を掘り下げてみたい。

人びとの信頼関係の希釈が人間の尊厳を毀損する

　私たちは地域を基盤としたソーシャルワーク実践に力点を置いているが、地域活動の要諦は地域住民との対話や関わりの過程にあると認識している。よって、挨拶や日常的な暮らしの会話は私たちの活動の基礎的な営

え、合計額も高くなっています」。介護サービスの利用料「介護保険の居宅介護サービスの利用料（2011年9月利用分）の合計は全体で平均3万7千円（中央値は1万1千円）でした。その内訳をみてみると、介護保険給付対象での1割自己負担分の平均は1万3千円（中央値は1万円）、全額自己負担分の平均は約2万4千円（中央値は500円）でした。多くの世帯が、介護保険の給付額の範囲内でサービスを利用していますが、範囲以上の介護サービスを利用している世帯では大きな負担になっています」。ここでは、サ高住に直接かかる費用を131,615円、介護サービス利用料を1割負担分の平均に限定し13,000円を捉え、介護サービス利用以外にかかった費用32,000円を加え月額合計176,615円と算定した。

＊7　厚生労働省年金局（2013年12月）「平成24年度厚生年金保険・国民年金事業の概況」P.7・P.17
＊8　岡村重夫（1983）『社会福祉原論』「序にかえて」全国社会福祉協議会

みであり、このことは組織内でも共通理解がなされている。しかし、その基礎的な営みでさえ困難な地域も存在する。こちらからの挨拶に意を介さない人たちは大勢存在するのだ。そこで、聞こえていないのかも知れないとさらに声をかけてみるが返事がない。これらの反応は、他者を黙殺している行為に過ぎない。

　また、全国の大学の学食では、テーブルの中央に視線を遮るための仕切り板が立っている「ぼっち席」(1人用席)が増えているという[9]。「おひとり様」に焦点化した席の配列を採っているようだ。この「おひとり様」という言葉自体もつい最近に創られたものだが、他者との挨拶や団欒を避けるかのように、人びとは他者との関わりを忌避している様に思えてならない。そして、この他者への忌避感は、無理解と無関心化を促進させている。全国津々浦々で発生している孤独死や虐待死、そして自殺は、いわゆる無縁社会の在り方がその根底にあると言われている。

　しかし、人びとの関係における退廃は無縁化で留まることは無い。無縁化が進めば、他者に対する不安や恐怖が醸成されていく。障害のある人にどの様に接していいのか分からない。認知症のある人は、周囲に迷惑をかけるので施設に入った方が本人も幸せだ、といった意識がこれに該当する。私たちの実践においても、新たな施設を開設する際、認知症のある方と目線が合わない様にと、目隠しフェンスの設置を地域住民より要請されることが度々あった。おおよそ住宅密集地における「一般」住民の間では、浮上してくることのない訴えである。恐怖には、人間の暮らしに不可欠とされている「正常な恐怖」と、非現実的な想像上のものでしかない「異常な恐怖」があると言われているが、マスコミが不用意に垂れ流す「テロ」や犯罪者への「脅威」も含めたこれらの恐怖は、人間が克服すべき「異常な恐怖」であると断じることができる[10]。なぜならば、他者との接点を持たない状

＊9　(2014年7月11日)「天声人語『ぼっち』上等」『朝日新聞』
＊10　マーティン＝ルーサー＝キング(1974)『汝の敵を愛せよ』(蓮見博昭訳) PP.204-205 新教出版社「しかし私は、人間生活から恐怖というものをことごとく取り

況下で生まれ出た「恐怖」は、何ら根拠のない、私たちの想像が創出したものに過ぎないからだ。

　加えて、人びとの信頼関係はさらに悪化していく。不安や恐怖の先には、人びとの排除と差別が待ち受けている。認知症という社会問題は、かなり一般化されて捉えられているが、未だに、認知症のある人の施設を開設する際に地域住民から反対運動がおこることがある。刑余者を支援する更生保護施設等や、精神障害者の入所系施設ではとりわけこの傾向が強く見られる。人びとは、自らの接点の機会の少ない対象ほど、より排除する傾向にある。

　もちろん、これらは古くから見られてきた光景かも知れないし、一昔前に比べればむしろ緩和の趨向にあるとも言えるだろう。しかし、従来の認識ではまず起こり得なかった事象も近来顕在化しつつある。象徴的な事例としては、全国あちこちで地域住民が保育園への排他行動を起こしている事が挙げられる。[*11] 地域住民の言い分は、子どもの声は「騒音」であり、家族

除くよう努力すべきだといっているのではない。それは、人間的に可能なことであっても、実際上は望ましいことではないだろう。恐怖とは、人間という有機体の自然的な警報組織であり、危険の接近を知らせるもので、人間は、原始世界であれ、近代世界であれ、これなしでは生き延びてこられなかったであろう。その上、恐怖は強い創造的な力なのだ。どの偉大な発明や知的進歩も、ある恐るべき環境や条件から脱出したいという欲望に端を発している。（中略）しかしわれわれは、異常な恐怖が感情的には荒廃させるものであり、心理的には破壊的なものであることを覚えていなければならない。ジークムント・フロイドは、正常な恐怖と異常な恐怖の違いを説明するため、アフリカのジャングルの真中でごく当然にへびを恐れる一人の人と、町なかの自分のアパートで、じゅうたんの下にへびがいはしないかとノイローゼのように恐れるもう一人の人について語っている。心理学者によると、正常な子供というものは、ただ二つの恐怖――落ちることの恐怖と、大きな音に対する恐怖――だけをもって生まれてくるのであって、それ以外の恐怖は環境から獲得するものだという。このような獲得された恐怖は大部分、じゅうたんの下のへびのようなものである」。

*11　伊藤舞虹・田中陽子（2014年6月3日）「隣に保育所、迷惑ですか　騒音・送迎車…各地で建設難航」『朝日新聞』、阪本輝昭・玉置太郎（2014年9月17日）「保育園の音、不協和音　『苦痛』の訴えに園側困惑　神戸」『朝日新聞』

の送迎車輌によって周辺道路が渋滞するので困るというものだ。特に、神戸市の事例では、子どもの声を、工場の騒音を規制する条例を指標に測定し、その数値を上回っているので"公害"であるというのがその主訴となっている。全ての子どもたちの発達に欠かせない

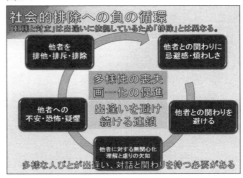

図2-1

発声・発語と、製造現場の騒音を比較することが平然とまかり通るという意において、これは、人間のモノ化に繋がる事象であり、人びとの尊厳保障に離反した出来事と言うほかない。加えて、他者に対する想像力の欠如が浮き彫りになった事例であるとも言えるだろう。

　そして、以上の排除や軋轢に巻き込まれることを避けるかのように、人びとはさらに他者との関わりを忌避するようになっている。私たちの社会はこのように、信頼関係の希薄化を加速させていく負の循環の中にある（図2-1）。この様に人びとの信頼関係の低減した社会においては、多くの自己決定や自由を担保することが困難となる。当然、この循環は、個別性に軸足を置いた多様性を容認する社会ではなく、価値観の画一化した社会へと連なっていく。前段で叙述した社会保障の減退が人びとの自由を蔑ろにしていることと併せて、人びとの他者に対する理解や慮りの弱体化が私たちの自由を狭めていると言えるのだ。

　言わずもがな、新自由主義における経済格差・社会的不平等の深化と社会保障の低下が、人びとの信頼関係やその意識に多大な影響を与えていることは十二分に認められている事実である。だからと言って、社会保障を充足させることだけをもって、後段の問題が消失されるわけではない。人びとの自由を尊重するためには、その自己決定と主体性を担保するために

は、全ての人びとを暮らしの主体者として支援していく本来の社会福祉実践の目的を貫徹する必要があるからだ。[*12] 社会保障をいくら拡充しても、このような人間の、社会の認識を変えられなければ私たちは真の自由を獲得できない。この政府・行政にも果たせない役割を担い、人びとの尊厳保障を果たすことこそが私たちソーシャルワーカーの使命である。

　この目的に迫るためには、人びとの意識と感情に働きかけ、一定のあるべき社会に対する共通理解を促進する実践が不可欠となる。先の保育園の開設反対運動において、「人間のモノ化」の問題を指摘したが、これのみが問題の本質であると断じるのは早計であろう。なぜなら、その基盤に、人びとの互酬性と信頼関係の空洞化があることが実は最も大きな理由ではないかと推察できるからだ。この点について、阿部志郎の以下の指摘は分かりやすい。

「産業社会化の中で、核家族化は必至であり、地域の崩壊も避けることができない。同時に変化に対する危機意識が地域生活の再編を模索させている。大都市で、人間関係の砂漠化が言われている。人間関係の砂漠化とは、『自分のなかに他者が存在していない』状態を指す。そこで、人間関係の回復は、自己のうちに他者を存在せしめることであり、それによって近隣性を密にできるかの課題となる。近隣で、聞こえてくるピアノの音を、『うるさい』騒音と感じるか、『隣の娘さん上達したね』と親近感を深めるかが、一方は『ピアノ殺人』に発展する増悪を増幅させ、他方は、一層近隣関係を密にさせる分岐点となる。普段から近隣関係があれば、同じピアノの音でも共同意識を育成する可能性を持っている」。[*13]

　私たちの社会では、今まさに、他者の中にある喜び、怒り、悲しみ、全

＊12　岡村重夫（1983）『社会福祉原論』「序にかえて」全国社会福祉協議会
＊13　著：阿部志郎・編集協力：岸川洋治・河幹夫（2011）『社会福祉の思想と実践』P.88　中央法規

てが自らの暮らしへと連なっていること、そしてそれらが相互作用の関係にあること、これらへの認識を広げることが求められている。例えば、2016年4月14日に起きた熊本地震を巡っては、特に財界関係者から経済活動の自粛をしないようにとの意見が表明されて物議を醸した。「自粛」の内実は、もちろん、個々人の判断に委ねられるべきとは考えるが、同じ社会を構成する人間が絶望と苦悩の只中に置かれている状況下で、その人びとに思いをはせればこそ、自然に「自粛」した行為が生まれるのではないかと私は思う。これらは、まさに、「自己のうちに他者を存在せしめる」行為であり、他者に対する繋がりや共感、理解、配慮がその基底にあるからだ。新自由主義によって、経済の効率性を極端に追及する社会構造によって、毀損されたこれらの「関係」を復興していくことにソーシャルワークは意を砕かねばならない。

　このように「関係」は、人びとが生きていくための「生命」そのものである。奥田知志も、人びとにとって重要なことは、「何が必要か」よりも「誰が必要か」という観点であると指摘している。

> 「しかし、肝心なのは、当事者は、支援された物資や知識との間で関係を結ぶのではないということである。そうではなく、当事者が関係を結ぶのは、他者でもある支援者である。一見当然のようだが、案外支援の現場では、『何が必要か』ということに押され、『誰が必要か』ということがないがしろにされてきた。さらに、この『誰が必要か』という関係の中身こそが『信頼』であった。その相手を信じられるか信じられないかで、具体的な支援の結果が大きく変わる。ケアが成立するかどうかは、この社会が今一度信頼を取り戻せるかどうかという課題でもある」[*14]。

---

*14　奥田知志（2014）「伴走の思想と伴走型支援の理念・仕組み」奥田知志・稲月正・垣田裕介・堤圭史郎『生活困窮者への伴走型支援　経済的困窮と社会的孤立に対応するトータルサポート』P.56 明石書店

また、問題解決モデルを提唱したパールマンも、「関係」こそが、人びとのエンパワメントの基盤となることを論じている。これらの「関係」は、人びとの直接的な出逢いを通して構築されていくべきものであるから、この関係構築は、広範な圏域ではなく、人びとの暮らしにより身近でかつ日常的にある地域を単位に構成されていくであろう。以下、私たち「地域の絆」の実践を示しながら、その方法論に迫ってみたい。

●暮らし方の自由を守るための実践

「出逢い直し」の場を創造する——状況的学習論を手掛かりに

　ここでまずは、私たちの基本的な理念や方針について簡潔に触れておきたい。私たちの実践目的は、全ての人間の尊厳ある暮らしがなされる社会を構築することにある。「尊厳ある暮らし」という以上は、権利侵害を防ぐのみならず、自らの暮らしの中に、自らの自由意志に基づく自己決定の権利が認められていなければならない。そして、「全ての人間」とは、認知症のある人・障害者・要保護児童・刑余者・ホームレス状態にある人等ご多分に漏れずあらゆる人びとを含意している。これら暮らしに困難をかかえ、誰かの支援を必要としている「人びと」の自己決定を保障するためには、このことの重要性を周囲の人びとが理解していなければならない。であるならば、私たちソーシャルワーカーの成すべき活動は、これら暮らしに困難ある「人びと」に対する理解と協力を全ての人びとに敷衍していくことにあるということになる。換言すれば、地域住民に対して、理解と慮りの姿勢に基づいた行動の創出・変容を要請する実践として認識することができるだろう。

　そこでまず、人間の社会認識と行動を変える実践の糸口を、私たちは人びとの経験・体験のあり方に求めた。社会教育分野では、人びとの直接的

な体験や経験がその行動変化に多大な影響を与えると捉えられている。その中でも、私たちは、ジーン＝レイヴとエティエンヌ＝ウェンガーによって提唱された「状況に埋め込まれた学習」（以下、状況的学習）を援用した実践を展開してきた（この状況的学習については五章で仔細に検討する）。高橋満は、この状況的学習論を以下のように示している。

「従来の学習論では、学ぶとは、（中略）知識の蓄積がさまざまな領域の生活・活動に転移可能である、ということが暗黙に前提」とされてきた。「これに対し状況的学習論は、知識や技術そのものが状況依存的であることを主張する。そして、学ぶということを科学的知識・技術を覚える、頭に記憶として貯蔵していくものとしてではなく、実践コミュニティへの参加としてとらえる。（中略）従来の心理学や社会学の見方では、ある行動にはその行動をもたらすものが動機として既に存在することを前提とする。（中略）状況論的アプローチは、動機そのものが実践への参加のなかで形成されるととらえる。これと同様に、意味とは、対象そのものに内在する属性ではなくて、状況依存的であり、他の人びととの相互作用をとおしてつくられる。あくまで実践の参加にかかわる関係概念としてそれをとらえようとする立場にたつ」。

つまり、旧来の学習論においては（専ら現在の学校教育においても）、教

---

* 15　高橋満（2013）『コミュニティワークの教育的実践　教育と福祉とを結ぶ』P.63 東信堂「（社会）構成主義の見方では、興味・関心も社会的につくられるものとして理解されるのである。つまり、明確な興味・関心が少ないとしても、信頼にもとづき結ばれた人びとの勧誘があれば人々は参加しようと考えるのではないか、と考える。人びとは信頼できる友人や知人を仲介者として公民館での学習会やボランティアなどの活動に参加し、活動のなかで経験される楽しさ、達成感、感動などの情動の変容をとおして、参加の経歴を深めていくわけである。ここで経歴を深めるとは、興味・関心がより強いものとなることであり、他者や自分自身を組織の一員としての視点からとらえるアイデンティティの変容としてとらえられる」（括弧内は中島）。
* 16　高橋満（2009）『NPOの公共性と生涯学習のガバナンス』PP.80-81 東信堂

育者の有する「正しい」知識を、学習者へ蓄積・移行していくことで認識の変化を促し、行動の変容へと繋げていく方法が中心であったが、この状況的学習論では、知識の伝達より先に、活動への参加があり、その状況のなかでの体験を通して、感情的な揺さぶりや論理的な気づきが得られ、これら感情と認識の連鎖が、行動の変容へと帰結することが確認されているというのである（これは単なる表層的な行動変化ではなくアイデンティティの変容と認識する）。確かに、人間の認識が変わっても、それが必ずしも、行動の変容へと直結するとは限らない。「差別はいけないことだ」との認識を持ちながらも、つい差別的な言動を発してしまう人がいることなどは決して珍しい事象ではないからだ。むしろ、人間の行動変容の根底には、認識の変化と同時に感情の変容が重要な要因となることがあるのではなかろうか。単なる知識の伝達による学びよりも、実際の活動への参加における学びの方が、人びとの行動変容を起こしやすいという考えにこれらは依拠している。

そこで留意しなければならないことは、一章でも言及したように、これら状況的学習の実践の基盤には価値が据えられていなければならないということである。実践における価値がなければ、状況的学習によって、例えば、覚せい剤の使用方法を学ぶこともできるだろう。そうではなく、私たちは、多様性と互酬性、信頼関係を地域に構築することを目的に、多様な人びとが地域で出逢い、そこでの対話と関わりを経て、他者への理解を深め、相互に自己変革を遂げていく過程を重要視しているのである。この方法から生じ得る成果として、高橋満の以下のくだりを挙げておく。まさに、多様な人びととの出逢いが、人びとの生き方の再構築へと繋がるのである。

「H・ベッカー流にいえば、外部者や周辺的な位置から眺めていた実践の景観を、実践の関係をとおしてつくられた内部者の視点で実践コミュニティや他のコミュニティを理解することである。彼は、それを逸脱経

歴の経時的な記述として、非慣習的世界における実践への参加をとおして、慣習的な見方に潜む道徳的な基準から『より解放された観点』を習得することとしてとらえる。逸脱者たちは自らの行為の合理化や正統化などをはかるために中和の技術を使いつつ道徳的観念の再構成をはかるのである」[*17]。

　以上の視座を拠り所に、私たちは、人びととの直接的な対話や関わりといった体験が生まれやすい地域社会の土壌に着眼し、地域の中で、障害のある人とない人であったり、子どもと高齢者、介護に携わる者とそうで無い者といった多様な人びと同士の関わりの場を数多創出するよう努めてきた。これらの取り組みを通じて、多様な他者に対する理解と慮りを地域住民に促す事を意図しているのである。また、ソーシャルワーカーの見地から言えば、私たちの支援を必要としている「人びと」に対する理解と協力を得るための働きかけが重要となる。そのための状況的学習の場を地域に創造して行くことに私たちの真骨頂がある。
　現在に至るまで私たちの社会では、例えば、障害のある人とない人は、同じ地域で暮らしながらもほとんど接点を持たぬままそれぞれの暮らしを送ってきた。幼稚園や保育園における障害児の通園は少なく、特に障害が重度であればあるほど、専門の施設への通園が不可欠な状況となっている。小中学校に行けば、障害児は、特別支援学級・学校で授業を受けることとなり、高等学校や大学では障害のある子どもの割合はさらに激減する。もしそうであれば、障害のある人との接点を極端に剥奪された多くの人びとが、障害のある人に対して、その関わりに不安を感じたり、偏見や差別意識を有してしまうことはごく自然な流れなのかも知れない。それゆえ、私たちの実践は、この流れに対して遡上するものであればよいと考える。つまり、「人びと」の暮らしと存在を地域に意図して「ひらいて」いくことが

＊17　高橋満（2009）『NPOの公共性と生涯学習のガバナンス』P.81 東信堂

肝要であると捉えているのだ。[*18]同時に、私たちの仕事に対する理解を求めるために、私たちの仕事も地域に「ひらく」必要がある。

暮らしたい場所で暮らし続ける権利を守る

　具体的な事実に基づいて説明する。ここでは、在宅支援を行っている介護保険事業所（小規模多機能型居宅介護）における実践を取り上げる。[*19]認知症で一人暮らしのAさん（90代・女性・要介護3）の「自宅で暮らしたい」という思いを実現するために、私たちの法人職員は、Aさんの在宅での暮らしに対する理解と支援を促すため、地域住民・警察・タクシー会社・ホームセンター・スーパーマーケット等に働きかけを行った。

　地域住民は当初、Aさんの一人暮らしに懐疑的であり、関心というよりはむしろ不安を寄せていた。そこで職員は、地域住民に直接協力を要請するべく戸別訪問を開始する。半年に3回の訪問を通して、Aさんの認知症の状態やそれに起因する行動について説明の上理解を求めた。またAさん自身が在宅での暮らしを強く望んでいることを代弁した。実は、この戸別訪問では、職員は意図してAさん本人と行動を共にしている。理由は大きく二つある。一つは、「人びと」の問題は、「人びと」が主体的にそれを解決することが、ソーシャルワークの本質であるので、Aさんが直接協力依頼をすることはその範疇にあること。二つ目に、地域住民とAさんとの対話や関わりの機会を設けることで、認知症やAさんについての理解を促す状況的学習を意識していたからである。

　また、戸別訪問という形式化・構造化された改まった対話のみならず、Aさんの支援のための毎日の訪問の際にも、挨拶や何気ない日常的な暮ら

---

*18　本書では、「開く」と「拓く」の双方の意味を併せ持つという意で「ひらく」と表記する。

*19　本事例は、「認知症のある人の理解を地域に促進する方法――体験的学習を意図した地域への接近を検証する――」と題して第16回日本認知症ケア学会（2015年5月23日-24日・ホテルさっぽろ芸文館他）で職員の甲山由美子が発表した。共同研究者は大原充敬と中島康晴。

しの会話を継続した。私たちは、他者との信頼関係を構築するためには、平素からの些細な会話や関与の積みかさねが大切であると捉えている。これは、その事を考えた実践であると同時に、地域住民に対して、私たちの日頃の職務に触れてもらう、見てもらうという私たちの仕事に対する状況的学習を狙った実践であるとも言える。

　以上のAさんと職員との関わりを通して、地域住民の不安は、Aさんの認知症に対する理解と、職員の支援に対する信頼へと変化していった。同時に、Aさんのストレングス（個人が有する強みと環境に対する強み）に着眼する態度を地域住民は形成し始め、Aさんとの間に過去不協和音が生じていたことなどの本音が引き出せるまでに私たちの信頼関係も進展した。さらには、私たちの仕事に対して敬意を表する発言も見られるようになった。

　実はこの事例で画期的な変化を遂げたのが警察官であった。初期の反応は、「徘徊」等の行動があるのであれば自宅での暮らしは難しいと、Aさんの思いや私たちの支援の在り方に対しても否定的な姿勢が見受けられた。因みに、私たちは「徘徊」のことを「一人外出」と呼んでいる（理由は、別本『実践編』五章を参照されたい）。その後、職員とAさん本人が何度か足を運んで協力を要請することで、否定的な反応は、携帯GPS商品の紹介などの助言が聞かれるまでに変容した。加えて、ある日、「一人外出」時に「保護」されたAさんを、その警察官は、こちらからの要請がなくとも自主的に事業所まで送迎してくれるようになった。この様な警察官の行動変容は、Aさん本人が協力要請を行った時から顕著に見られた。そして、職員のAさんに対する支援のあり方を目の当たりにする中で、支援的な意識と感情が漸次醸成されたものと分析している。

　また、ある朝自宅へ迎えに行くとAさんは不在で、その後、タクシーに乗って自宅に帰ってきた事があった。タクシーに乗る習慣のあることを確認した職員は、近隣にあるタクシー会社へ協力を要請した。その後、Aさんがタクシーに乗った際、行き先に困るとタクシー会社から当事業所に連

絡がもらえるようになった。

　近隣のホームセンターとスーパーマーケットでは、認知症に関連するAさんの行動から過去に軋轢を起こし、Aさんに対して「出入り禁止」の対応がとられていた。その事を知った職員は、その後、両店舗にAさんと共に事情を説明するため訪問する。「今後こちらのお店を利用させてもらい、Aさんが困っていたり、お店に不安が生じることがあれば連絡を下さい」とAさんの買い物に対する理解と協力と依頼したのだ。それ以来、両店舗は「出入り禁止」を撤回し、職員付添いのもと、以前同様にAさんは買い物を楽しむことができるようになった。今では、店員の中には、「こんにちは」とAさんにあたたかい声を掛けてくれる人も現れている。

　そして、Aさんに対して嫌悪感を抱き、疎遠となっていたAさんの娘も、職員の働きかけと、地域住民等のAさんへの関わりの変化に触れる中で、認知症に対する理解が得られるようになり、Aさんに対する受容的な態度へとその行動の変化が見られるようになった。

　これら成果に対する要因を列挙すると次のようになる。①Aさんと職員が半年に3回以上それぞれの関係者に足を運んで直接働きかけを行ったこと、②Aさん自らも職員と共に関係者らに協力を直接要請したこと、③Aさんの支援のための訪問の際、日常的な職員の支援の在り方を関係者に直接示し続けたこと、④社会資源を単に把握するのみならず、それを発掘・創出する変容の対象と捉え実践を重ねたこと、⑤これら出逢いと、関わり、対話という体験の堆積によって、地域住民と家族に対して、認知症に対する理解と、Aさんに対する支援的な認識を醸成することができたものと考えられる。

　加えて、これら実践の大前提として確認しておきたいことがある。それは、他機関の専門職や家族も含め大多数の人たちが、Aさんの在宅での暮らしの継続は困難であるという判断をくだしていた状況下にあっても、職員がAさんの思いを受容し、そして、それを諦めず代弁活動を展開し続けた事実にある。認知症のある人の一人暮らしに対しては、「徘徊」や「火の

不始末」「不衛生」等のリスクがその周囲によって認識されがちである。しかし、不衛生であっても、危険であっても、不便であっても、本人がそこで暮らし続けたいという思い、そして自由を、拒否し、妨げる権利は誰にも無いはずだ。本人の人生のあり方は本人が決める。これこそが、新自由主義の最も強調する自己決定の本来のあり方のはずであり、人びとの尊厳を守る重要な要素となる。職員はこの当たり前の権利を守ろうと行動したに過ぎないのである。

　当然、これらを実現する為には、社会保障の充足が必要であるし、その事に対する公的責任を政府は果たさなければならない。他方では、これに付加した形で、人びとを暮らしの主体者と捉え、その主体性を擁護するために地域社会に働きかける以上の様な活動が不可欠であることも理解できるだろう。

　そして、Aさんの暮らしと存在を地域に意図して「ひらき」、また私たちの実践を率先して「ひらいた」これらの地域住民との関わりが、地域住民に理解や協力をもたらしたのではないだろうか。私たち「地域の絆」の基盤となる実践課題は、平素は直接的な接点を持たない人びと同士を、関わりと対話という体験を通して繋いでいくことにある。しかし、なかでも重要視していることは、「人びと」の暮らしと存在に直接的な関わりを持ってもらうことにより、地域住民に対して、暮らしの困難や障害の問題を身近なものと捉えてもらい、延いては自らのこととして実感してもらえる認識を醸成し促進することにある。本事例は、この方法論の有効性を示している。

　であればこそ、私たちの実践は常に地域に「ひらかれた」ものでなければならない。私たちの実施する地域活動では、「人びと」のストレングスを生かした役割が必ず設けられている。写真2-1・2-2はその一部であるが、私たちが主催するイベントの運営時には、元学校長が観客を前に挨拶をし、料理の得意な人たちが出店の食品を調理し店頭で販売をする。参加した地域住民は、彼らが認知症のある人であることは理解しながらも、挨拶を傾

写真2-1 地域活動における「人びと」の役割

「人びと」が演奏前の挨拶を

聴し、食事に舌鼓を打って喜んでくれるのである。

　ここでは、状況的学習を参考にした実践例を披歴したが、この状況的学習については、更なる実践事例による精査と、理論の整理も含め五章で詳細に検討することにする。

● 新自由主義における「自由」の実相

　自らが暮らしたい場所で暮らし続けるには、いや、故郷で生きるという当たり前の権利を保障するためには、多様な人びとの暮らしのあり方を社会が認めなければならない。そして、このことにこそ、人間の尊厳保障における重要な役割があることに、人びとが共通理解を果たさなければならない。他者から見てたとえそれが、不便で不衛生で、そして、一定の危険を伴うものであったとしても、その人が希求する暮らし方を阻止する権利は誰にもない。金井利之は言う。

　「たった二人しか住んでいない集落でも、その人たちが『ここで暮らす』という決意を持っていれば、集落は消滅しません。そして、住民が暮らし、集落がある以上、住民のために仕事をすべき自治体の存在理由も、消えません」[20]。

＊20　山下祐介・金井利之（2015）『地方創生の正体　なぜ地域政策は失敗するのか』P.243 ちくま新書

つまり、「消滅可能性都市」とは、そこで暮らす人びとの主体性の「消滅」こそが、その引き金になることは間違いない。であればこそ、このような人間の主体性を鼓舞するために私たちの仕事はある。

そして、これら全ての人びとの自由が尊重される社会を構築する為に必要なとは、この新自由主義路線を伸長させることではなく、社会保障の充実と真なるソーシャルワークとを共同歩調で展開していくことにあるといえる。ソーシャルワークに関して言えば、ここで簡潔に、人びとの権

写真2-2　地域活動における「人びと」の役割

「人びと」が調理した食事を「人びと」が店頭で販売

利擁護をなすためには次の3つの視点が重要であることを指摘しておく。①権利侵害から守る（予防する）、②自己決定を支援する、③①②を成しうる社会環境を整えるために社会変革を行う。このうち③の実践が極めて脆弱な部分にこそ、日本におけるソーシャルワークの大きな仕事が待っている。ソーシャルワーカーとしては、この仕事に生涯傾倒していきたいと思う。

巷間では、「消滅可能性都市」や「コンパクトシティ」論、「日本版CCRC構想」がもて囃されている。しかし、これら理論からは、人びとの暮らしの自由に対する畏敬の念が感じられない。重大な自傷他害の恐れの無い以

上、ここで暮らし続けたいその人間の思いを否定する権利は誰にもない。どの場所で暮らし、何処で人生の最後を迎えるべきかを決めるのはその人自身である。この人間の尊厳にかかる大前提が、障害の有無によって、所得の多寡に応じて、また政府の方針に依拠して、その自由が抑制させられることなどあってはならない。これら人びとの自由を最終的に擁護するのは、新自由主義の名を借りた政府の責任放棄ではなく、社会保障とソーシャルワークの新たな関係の構築に向けた努力である。「消滅可能性都市」や「コンパクトシティ」論、「生涯活躍のまち（日本版CCRC）」などは、本質を見誤れば直ちに破たんするアイデアであることがいずれ証明されるだろう。

　繰り返しをいとわずに確認をしておきたい。本来人びとの自由を追求してきたはずの新自由主義が、実は、人びとの自由を抑圧している事実。私たちは今こそ、この現実を凝視する必要がある。同じ社会を構成している私たちが、誰かの自由を収奪しておいて、自らが自由を享受することなどありえないのだから。

第三章
ソーシャルワークからみる地域包括ケア

● 人間の尊厳保障に資する地域包括ケア
── 「本人の望む場所で、本人の望む暮らしを」志向する

人間の普遍的ニーズ

　住み慣れた場所で、自分らしく安心して暮らし続けることは、大多数の人びとが希望する人間の普遍的ニーズである。このように断定するのも、二章で触れたように、多くの人びとは、施設等ではなく、自宅での暮らしを望んでおり、仮に施設等での暮らしを希望する人びとにおいても、その理由を問えば、その多くが、「子どもに迷惑をかけたくないから」という結果が示されているからだ。またその他の資料を見ても、「自分が介護が必要になった場合」、自宅で、家族介護や介護サービスを受けることを74％の人が望んでいることがわかる。つまり、従来からの暮らしの状況と異なった環境での暮らしを多くの人びとは望んでいないということになる。

＊1　厚労省　社会保障審議会・介護給付費分科会第70回　資料「『介護保険制度に関する世論調査』について」PP.1-12　2010年12月24日「介護を受けたい場所については、『現在の住まいで介護を受けたい』と考えているものが最も多くなっており（37.3％）」を占めている。その他、「特別養護老人ホームや老人保健施設などの介護保険施設に入所して介護を受けたい」が26.3％と「介護付きの有料老人ホームや高齢者住宅に住み替えて介護を受けたい」が18.9％、「病院に入院して介護を受けたい」が12.9％であるが、これら「介護施設等を利用したい理由」としては、「家族に迷惑をかけたくないから」が76.7％の約8割を占めている。

＊2　厚生労働省老健局「介護保険制度に関する国民の皆さまからのご意見募集（結果概要について）」2010年5月15日

もちろん、すべての人びとが、住み慣れた場所での暮らしを希望しているわけではない。当然この選択には個別性があり、これらを尊重することが尊厳保障の基盤となる。しかし、私たちは、この彼らの選択そのものが、所得や、疾病・障害、家族・地域関係、政策などを理由として、尊厳が毀損されるほどに「強要された」あるいは「誘導された」自己決定であるのか否かの判断を怠ってはならない。少なくとも、その判断の過程において、本人の尊厳が保持されていなければならない。

　この「人びと」の自己決定に対して顧慮すべき点については、以下の北野誠一の指摘が参考になるだろう。北野は、アメリカのADA法（障害のあるアメリカ人法・Americans with Disabilities Act）に準拠したオルムステッド連邦最高裁判決を例に挙げ、「本人が地域生活を『希望しなくても、拒否しなければ』、（施設入所ではなく）地域生活を推し進める」（括弧内は中島）ことの重要性を述べている。そして、その理由を以下の4点にあるとする。

　「①自己決定・自己選択（＝希望）するには、それに必要な選択肢を経験・認識していることが必要 ②自己決定するには、そもそも『選択するという経験』が必要 ③自己決定・自己選択するには、本人が自由に自分の思いを表現できる状況（相手の顔色を見なくてもいい状況）が必要 ④自分は障害者だから、そんなことを希望してはいけないという諦め（がまん）に対する精神的及び実際の支援が必要」[*3]。

　残念ながら社会福祉実践の場面では、これら4点の担保が、殆どと言ってよい程なされていない。であればこそ、「人びと」の「自己決定」には細心の配慮が求められるし、病院・施設への入所ではなく、住み慣れた地域における暮らしへの志向こそが優先されるべきだと考える。

＊3　北野誠一（2015）『ケアからエンパワーメントへ　人を支援することは意思決定を支援すること』P.98 ミネルヴァ書房

当然、この様な「人びと」の「自己決定」を困難にさせている要因は、社会の価値規範や構造からも派生しているため、この全ての責任を社会福祉実践家に押し付けるのであれば、それはあまりにも理不尽な話であろう。しかしながら、ソーシャルワークにおける権利擁護とは、このように脆弱な状況下に置かれている「人びと」の自己決定を支援することが含意されているのだから、ソーシャルワーカーとしては決して看過できない介入すべき対象となる。北野もこの点について、「『本人の自己決定・自己選択』を、『真に自己決定・自己選択』たらしめる支援の原則」が不可欠として、「エンパワーメント支援の原則」を挙げている。このような搔き消された声を顕在化させ、また代弁することこそが、権利擁護における重要な機能として位置付けることができるのだ。
　二章で論じてきたように、消滅可能性都市、コンパクトシティ論、「生涯活躍のまち（日本版CCRC）」構想などは、この様な人間の個別性と、それぞれの深層にあるこの決して単純には捉えることのできない思いを度外視しているという点において、人間の毀損に繋がる論理そのものであると断じることができる。本来の地域包括ケアの理念は、これらの論理とは離反する立場にある。

地域包括ケアの要諦

　もっとも、地域包括ケアが、介護保険法に「理念規定」として初めて明示されたのは、2012年4月に施行した介護保険法（2011年6月改正）の第5条第3項である。

> 「国及び地方公共団体は、被保険者が、可能な限り、住み慣れた地域でその有する能力に応じ自立した日常生活を営むことができるよう、保険給付に係る保健医療サービス及び福祉サービスに関する施策、要介護状態等となることの予防又は要介護状態等の軽減若しくは悪化の防止のための施策並びに地域における自立した日常生活の支援のための施策を、

医療及び居住に関する施策との有機的な連携を図りつつ包括的に推進するよう努めなければならない」。

ここでの「自立」は、文脈からも「自助」により近い概念として示されており、尊厳保障や権利擁護を志向しているとは言い難い。ソーシャルワークの価値や理念から鑑みれば、むしろ、「自律」を支援することにこそ照準を合わせるべきであろう。よって、この条文を見る限りでは、政府の示す地域包括ケアは、自由意思に基づく個人の自己決定を担保するものであるとは言えない。

他方、同じく政府の示す「地域包括支援センター運営マニュアル2012」による定義では、翻って、この辺りのことがしっかりと押さえられており、ソーシャルワーカーとして共感のできる内容となっている。ここでは、上記の条文のみならず、政府の方針を理解することを目的として、この「2011年度地域包括支援センター運営マニュアル検討委員会」が定義した地域包括ケアと「地域包括ケア研究会」が示している地域包括ケアシステムについて確認しておこう。

「地域包括ケアは、地域住民が住み慣れた地域で安心して尊厳あるその人らしい生活を継続することができるように、介護保険制度による公的サービスのみならず、その他のフォーマルやインフォーマルな多様な社会資源を本人が活用できるように、包括的および継続的に支援すること[*4]」。

「『地域包括ケアシステム』について『ニーズに応じた住宅が提供されることを基本とした上で、生活上の安全・安心・健康を確保するために、医療や介護のみならず、福祉サービスを含めた様々な生活支援サービスが日常生活の場（日常生活圏域）で適切に提供できるような地域での体

---

*4　2011年度地域包括支援センター運営マニュアル検討委員会（2012年3月）「地域包括支援センター運営マニュアル2012」P.15 長寿社会開発センター

制』と定義し、『おおむね30分以内』に必要なサービスが提供される圏域として、具体的には中学校区を基本とする[*5]」。

　まずは、以下の2点に注目すべきだと思う。一つは、市町村合併によって保険者の圏域は広がっているものの、サービスの提供範囲はより小さな範囲に抑えて行こうとする内容であり、人びとの住み慣れた地域での暮らしを継続的に支援していく姿勢が強く伺えるものとなっている。加えて、ここでは、単純に継続的な暮らしを志向しているのではなく、そこに人びとの尊厳が保持されていなければならないと言っている。尊厳の保持された暮らしとは、権利侵害に苛（さいな）まれることがないばかりではなく、個人の自由意思に基づいた自己決定が保障された状態を指すことは言うまでもあるまい。であるならば、人びとが、たとえどのような状況にあったとしても、どの場所で暮らし、その暮らしのあり方に至るまでも、その自己決定を地域の中で保障することこそが地域包括ケアの目的であるといえるだろう。まさに、「本人の望む場所で、本人の望む暮らしを」志向することにこそ地域包括ケアの真骨頂がある。

　ここで、繰り返しをいとわず確認しておきたい。それは、コンパクトシティ論や「生涯活躍のまち（日本版CCRC）」構想などは、これらひとり一人の人間の自由を、全体主義的な人口分布で捉えた上で、経済の効率性を優先した論理であることは明白であり、本来の地域包括ケアとは離反した立場にあるということである。

　今一つは、これら目的を地域で遂行していく方法として、社会資源をより広範に捉えて、人びとの支援に結び付けていかなければならないことが示されている。

　人びとの権利擁護を志向した地域包括ケアに求められる社会資源の捉え方として、押さえておくべきは以下の3つの視点である。①可視化できな

＊5　地域包括ケア研究会（2010年3月）「地域包括ケア研究会　報告書」P.3三菱UFJリサーチ＆コンサルティング

いもの（情報・知識・技術など）も認識すること、②人びとの支援に活用できるあらゆるモノとしてより広範に捉えること、③把握・理解の対象のみならず、発掘・創出等の変革・創造の対象と捉えること。取り立てて、③は、実践領域では強く認識されていないソーシャルワーカーにとっても脆弱な見地であるが、権利擁護を追及するためには避けては通れない勘所であるといえる。であるがゆえに、この脆弱な見地を強く補強することが実践分野、そしてソーシャルワーカーには求められていく。そして、本書の目的の一つは、この補強を推進する端緒を「ひらく」ことにある。

　以上みてきたように、介護保険法の条文によらないかつて政府の示してきた地域包括ケアの定義からは、①人びとの住み慣れた地域における自由意思が尊重された継続的な暮らしの支援と、そのために必要不可欠な、②フォーマル・インフォーマルの如何によらず、あらゆる社会資源を活用する双方の視座の重要性が指摘されている。そして、人びとの権利擁護に資するためには、この広範に捉えた社会資源は、把握・認識するだけの対象とするのではなく、発掘・開発する変革と改善の標的としても活用していかなければならないことを確認しておく。

　これらのことから、政府の定義してきた地域包括ケアには、人びとの権利擁護への志向が描かれており、このことに対する異論は全くない。むしろ、ここで問われてくるのは、この目的に対する忠誠度と目的を達成する方法の内実にある。以下、地域包括ケア研究会による報告を中心に、この問いとかかわる政府の姿勢について掘り下げていこう。

●地域発の地域包括ケアの実践
── 実践から理論をつくる

　ここからは、政府の提示する地域包括ケアシステム及び地域包括ケアの課題事項を抽出しておく。比較的長文になると思われるが、課題を浮き彫りにすることが、人びとの権利擁護に資する真の地域包括ケアを理解する

契機となる。しばしお付き合いいただきたい。

小さな地域の特性を生かす

　まず、一つ目の視点として、地域の特有性の稀釈化が挙げられる。東西南北に伸展し、かつ列島化している日本では、「地域」とひと言で述べても多様な実態が見て取れる。ケアに個別性が求められているのと同様に、地域支援においても地域性が求められている。いや、個人の集合体としての地域には、個人以上に、多様な構成要素（規模や地理、自然環境、文化、歴史、宗教、言語、産業、政治、行政等）が内含されていると言えるだろう。このことから、地域包括ケアのモデルは多様に存在するため、画一的な一つの定義では示しきれない現状がある。

　ところが、それにもかかわらず、以上の定義では、このことに対する手当がなされていない。具体的には、いずれの地域においても、地域包括ケアの対象としての日常生活圏域は、中学校区でよいのかという問題がこの代表例であろう。以下のことも地域特性によるのだが、私は、人びとの個別支援にかかる連携をはかる際に中学校区では範囲が広すぎると考えている。むしろ、小学校区・自治会単位による展開も検討すべきではあるまいか。

　もちろん、これらのことは広く認識されつつある。政府による地域包括ケアシステムの定義を示してきた地域包括ケア研究会による昨今の報告書においても、「地域の実情にあわせた地域包括ケアシステムの構築については、従来の全国一律の制度運用とは異なるアプローチが不可欠だが、ほとんどの自治体が試行錯誤の段階にあり、必ずしも円滑に取組が進んでいるとはいえない」と、この問題を指摘しつつ、「このように、各地域が2040年に向けて抱える課題はそれぞれ異なるものになる。『高齢化』の進展は全国共通の特徴だが、その『高齢化の姿』は、地域によって様々であり、そのため高齢化によって生じる課題も地域によって異なると想定される。地域の実情にあわせて取組を行う地域包括ケアシステムにおいては、画一的

な答えやモデルは存在しない。そうした意味で、これからは地域の数だけ『地域包括ケアシステム』が不可欠になる時代を迎えているといえるのである」と将来展望に言及している[*6]。

　しかしながら、より重要なことは、この「地域の実情」における「地域」の捉え方にある。もちろん、定義で示されている通り、地域包括ケアシステムの範囲は中学校区であることが示されている。前述したとおり、私はこの画一的な捉え方にこそ問題があると認識しているが、他方、本報告書では、「地域包括ケアシステムの構築における工程管理」としての「地域マネジメントの単位としては、自治体が適当」であるとの論及がある（本報告書では、「自治体＝保険者」との記載がある）。特に、「平成の大合併」を経た昨今の自治体の範囲の広さを鑑みると、「地域マネジメント」の単位が本当に自治体でよいのかにも強い疑問が残る。各自治体の中にも、地域の多様性が存在するため、これら地域特性を集積して、それを一つの自治体として特徴づけるのは難しいからだ。

　ここで、私は自治体の役割を否定しているのではない。自治体という単位での「マネジメント」を強調するあまり、自治体内における人びとの具体的な暮らしのニーズや地域特性を黙殺してしまう危険性を指摘しているのである。よって、ここで強調すべき「地域の特有性」とは、自治体によるものではなく、その内にある様々な実践領域における地域の個別性を指すことを確認しておく。

　一方で、これは「地域包括ケア」ではなく、「地域ケアシステム」の話であり、マネジメント論やシステム論も重要であるとの見方もあろう。しかし、今求められているものは、自治体の「地域マネジメント」の手法ではなく、むしろ、人びとの個別的ニーズに対応した実際の地域包括ケアの実践そのものであり、また、それぞれに特有な実践を伸展し、積み上げていくことにある。

＊6　地域包括ケア研究会（2016年3月）「〈地域包括ケア研究会〉地域包括ケアシステムと地域マネジメント」P.4・9三菱UFJリサーチ＆コンサルティング

自治体によるシステムやマネジメント論が先か、それとも個々の実践が先かの議論であれば、上記の地域特性へ配慮する必要と実践における難易度の高さから、私は実践が先にあるべきだと考えている。仮に、自治体によるシステム・マネジメント論の必要性を捉えたとしても、自治体内の各地における独創的・先駆的・創造的・個別的な実践を後押しすることを第一義として、このマネジメントのあり方を検討していくべきであろう。それ程までに、この地域包括ケアの実践は、従来の医療や介護の領域では認識されてこなかった新しい領域であり、新自由主義や産業化社会によって失われてきた社会的連帯や共同性の現状からも取り組みの難易度の高い実践であると言えるからだ。

システム構築よりも個別実践の促進を
　以上のことから二つ目の課題が明らかとなってくる。それは、「地域包括ケアシステム」におけるシステム構築と実践促進の関係が曖昧である点である。
　上記のように「自治体＝保険者」による「地域マネジメント」やシステム論を強調すれば、自治体内における多様な実践を阻害してしまうことが考えられるためその整理が必要である。この様な議論になれば必ず出てくる発想が、相互補完や双方の均衡をはかるというまとめ方だ。この如何にも日本人らしい玉虫色の解決方法では、社会に地域包括ケアは発展しない。そうではなく、保険者と実践家の力関係や、地域の多様性を考えると、自治体のマネジメント機能よりも、むしろ、多様な実践の促進を強調して支援していく必要がある。両者の扱いを対等に考えるべきではない。そして、自治体の役割としては、これら個別具体的な実践を後押しするためのシステム構築にこそあると理解するべきである。
　上記のような自治体内各地における地域特性の軽視や自治体におけるシステム・マネジメント強化の論理は、2014年3月時における同報告書の「地域包括ケアの基本理念」と整合する。この「基本理念」では、大きく二

つの項目を掲げている。一つは、「『尊厳の保持』と『自立生活の支援』」であり、もう一つが、「地域における共通認識の醸成——『規範的統合』に向けて」である。[*7]当然に、ここで問題にしているのは後者に対してだ。

報告書では、「規範的統合」を次のように説明している。つまり、「保険者や自治体の進める地域包括ケアシステムの構築に関する基本方針が、同一の目的の達成のために、地域内の専門職や関係者に共有される状態」であり、加えて、この「規範的統合」を進展させるためには、「地域の諸主体が、同じ方向性に向かって取組をすすめる必要があり、自治体の首長による強いメッセージの発信も重要である」とする。

もちろん、各実践においても、関係者間による一定の共通理解は不可欠である。しかし、特に組織や集団の内部ではなく、むしろ外部にひらかれた連携を志向する地域包括ケアの場面では、その共通理解はより緩やかにならざるを得ないし、各自が主体性を発揮しながらの自由闊達な意見交換をもとにした連帯が求められる。

さらには、前述の通り、自治体内の各地域の独自性を担保したうえでこの連携を進展していかなければならない。つまり、この「規範的統合」とは、地域包括ケアにかかわる全ての人びとの主体性と地域特性を度外視した思想に依拠しているといわざるを得ない。この様に、行き過ぎた「規範的統合」が進捗した共通理解は、むしろ、人びとや各地域にとって、個別性を黙殺した全体主義的傾向や画一化へと連なる危険性がある。この様な、「基本理念」の上に、これらの問題が生じていることをここでは付言しておく。

実践の堆積が社会を変える

加えて、政府は、地域性に応じた多様な地域包括ケアの定義を明示してきたわけではない。この事を鑑みるだけでも、政府の定義は、津々浦々の

[*7] 地域包括ケア研究会（2014年3月）「地域包括ケアシステムを構築するための制度論等に関する調査研究事業報告書」PP.3-4 三菱UFJリサーチ&コンサルティング

実践の集積を通して確立したものとは言えない。つまり、政府の示す定義は、ボトムアップではなくトップダウンによって形成されている。実は、この様に、先んじて政府が定義を定め、それに応じた実践を各地で敷衍していく方法は、どうも日本特有のやり方らしい。阿部志郎も次の様に述べている。

> 「『コミュニティ』は、概念についての論争対立はあっても、ヨーロッパでは民衆の生活感情として素直に受けとめられている。わが国では、未だ期待概念の域を出ることなく、情緒的には『隣組』との区別も判然としていない。いわんや、コミュニティ・ケアになると一層曖昧となるのはやむをえまい。アメリカのように、コミュニティ・ケアの実態は広く存在するが、専門用語として通用しない方が、定義を措定してから実践を導き出すわが国の場合よりは、より福祉的といえるのであろうか」[*8]。

ここで、二つ目の問題と連動する三つ目の問題が浮上してくる。政府から地方に対する一方通行化した推進方法による弊害だ。前述した通りシステムではなく、実践を優先して取り組むのであれば、地域包括ケアにまずもって必要な作業としては、政府の定義に対し、人びとの尊厳保障の目的から乖離することなく、各地域における実践を通じた新たな定義を創造していくことが求められるだろう。政府が「措定」した定義を受動的に津々浦々で展開していくことだけでは、地域の個別性と実践現場の独自性を度外視しているという点において、地域包括ケアが進展していくことはないからだ。この事からも、地域包括ケアは、まだ緒に就いた創設期にあると言える。画一的にこうあるべきだと言われても、各地における具体的な実践からすれば、腑に落ちないのは自明の理であり、であるならば、各地域の実践家が、自らの実践を経由して、定義を創造していくべきだと私は考

---

*8 著：阿部志郎・編集協力：岸川洋治・河幹夫（2011）『社会福祉の思想と実践』PP.63-64中央法規

える。また、実践家にはその創造力が求められている。

　更に言及すれば、その実践と定義の集積をもって、次は政策の改善へと繋げていかなければならない。一章でも論じたように、地域包括ケアを論じるにあたっては、政府が示した指針に則り地域のみが変革を遂げるのではなく、その集積が、今度は、国や世界のあり方を改良していくこの双方向の流れが重要となる。つまり、地方に対して政府が方針として地域包括ケアを提示し、要求して放った矢は、やがて、政府自身の方針の転換を求め、翻って飛んでくる関係にあるべきなのだ。

　かてて加えて、もう少し広いまちづくりという観点から論及すれば、そもそも、政府の方針や指針は、示唆や着想に乏しいものが多い。地域性や個々の現実から離れ一般化した議論を展開しているのだからそれはやむを得ないだろう。山下祐介と金井利之は、この政府による「無策」や「アイデアがない」ことが、翻って、自治体への責任転嫁に連なっていると指摘する。そして、この流れを払拭するためには、自治体が戦略的にその主体性を発揮するべきだと主張する。特に、自治体における「内発的発展」の重要性を以下の様に強調している。

「まちづくりに成功したと言われる自治体では、多くの場合、内発的発展を遂げているのです。つまり住民や自治体の職員・政治家が、自分で考えたアイデアを自ら実行に移したときにのみ、良い成果を出せる場合があるのです。もちろん、自分で考えたアイデアを自ら実行に移したからといって、100パーセント成功するわけではありません。しかし成功しているところはまず間違いなく、自分のアイデアでやっています[*9]」。

　以上の見解は、分野は異なれども、地域包括ケアにおける「政府と自治体」、「自治体と実践家・機関」それぞれの関係を見直すにあたり大切な手

＊9　金井利之（2015）「『震災復興』で何が起きているのか」山下祐介・金井利之『地方創生の正体　なぜ地域政策は失敗するのか』PP.48-49 ちくま新書

がかりとなるだろう。

　また、これも一章で叙述したが、私たちの暮らしは、新自由主義やグローバリズムの影響を多分に受けて構成されている。しかし、ソーシャルワーカーは、この潮流を無批判に受け入れるのではなく、人びとの支援を通して、集団を変革し、地域を包摂し、その集積の上に、社会を改良し、更には、新自由主義やグローバリズムに代わる新たなパラダイムを提示する流れを生み出さなければならない。この課題を「二つ目の問題と連動する」と述べたのは、双方の問題の根底には、ミクロ⇒メゾ⇒マクロへの変革の流れが度外視されている点に共通項があると捉えているからだ。

　この様な、ミクロ・メゾ・マクロにおける相互作用と結合を視野に入れた実践が、ソーシャルワークのみならず地域包括ケアにおいても求められている。ソーシャルワークは、人びとの権利擁護に資する実践過程において、制度・政策を含めた社会環境を変革していく専門職であるからこれは自明の理であろう。そして、本書では、地域包括ケアの実践基盤にソーシャルワークを配置すべきであると主張していく。以上のことから、地域包括ケアは、これから各地の実践家が創出していくべき段階にあるといえる。そして、これらの創造は、個別支援の蓄積を通じて、集団や地域の変容を促進し、社会全体に変換を迫るものでなければならない。

●公的責任の逃避としての地域包括ケア
―― 自助・互助・共助・公助における序列化の弊害

介護保険は「共助」にあたるのか？
　四つ目の看過できない問題は、自助・互助・共助・公助におけるそれぞれの責任範囲が極めて曖昧な点である。もう少し踏み込んで付言するならば、これは、政府の責任逃避として地域包括ケアが描かれていることに対する警告でもある。もちろん、古くから欧米諸国で導入されてきた「community care」においても、「対象者に及ぼす精神的影響（moral）ならび

に経済的効率という二つの基礎のうえに立つ重要な概念」として認識されてきたと岡村重夫も述べているほどに、このことは日本だけが突出してその傾向があるというわけではなさそうだ[*10]（本書では、「地域包括ケア」を、「地域ケア」「コミュニティケア」と同意語としてとらえていく）。

　地域包括ケア研究会による報告書では、この4つの範疇について以下のように説明がある。

「『公助』は公の負担、すなわち税による負担、『共助』は介護保険や医療保険にみられるように、リスクを共有する仲間（被保険者）の負担、『自助』は、文字通り『自らの負担』と整理することができる。『自助』の中には、『自分のことを自分でする』という以外に、自費で一般的な市場サービスを購入するという方法も含まれる。たとえば、お弁当を購入するのも、調理しているのは自分ではないが、その対価を自ら負担しているという意味において、これも『自助』と考えるべきである。（中略）これに対して、『互助』は、相互に支え合っているという意味で『共助』と共通点があるが、費用負担が制度的に裏付けられていない自発的なものであり地域の住民やボランティアという形で支援の提供者の物心両面の支援によって支えられていることが多い。また、寄附金などの形で不特定多数の支援を受けている場合もあるだろう[*11]」。

　実は、私はこの類別の仕方そのものに異論がある。つまり、その財源の半分に税金が用いられており、かつ、人びとの生存権に資する領域たる介護保険事業は少なくとも公助に内含させるべきではあるまいか。そう考え

＊10　岡村重夫（1970）『地域福祉研究』P.1 柴田書店
＊11　地域包括ケア研究会（2013年3月）「〈地域包括ケア研究会〉地域包括ケアシステムの構築における今後の検討のための論点　持続可能な介護保険制度及び地域包括ケアシステムのあり方に関する調査研究事業 報告書」P.4 三菱UFJリサーチ＆コンサルティング

れば、政府と自治体は、まさに公助にしか貢献しておらず、政府の共助への関与は等閑に付されたままの状況にあると捉えるべきだと私は考える。また逆説的に言えば、このことは、以下の白澤政和による指摘にもある様に、高齢者福祉（介護保険）における公助機能の減退へと連なる危険も孕んでいるのだ。

　「（私は）介護保険制度を医療保険同様に『共助』と位置づけていることに違和感をもつ者であるが、いかがであろうか。従来から、『公助』『互助・共助』『自助』という3つの分類はよくしてきた。介護保険制度との関係で言うと、介護保険制度は公助であり、近隣やボランティアが互助・共助であり、利用者自体が自ら有している能力等を活用することが自助であるとしてきた。今回、これら3つのフォースに加えて、『共助』が加わり、4つに分類され、介護保険制度は、従来からの『公助』ではなく、『共助』として位置づけられていることである。（中略）介護保険制度には、財源の半分が国、都道府県、市町村からの公費が投入されており、（中略）更に国は介護保険法を作ることで介護保険制度の骨格を作り、都道府県はサービス事業者の指定を行い、保険者である市町村が要介護認定の決定を行っている。また、市町村等が保険者として介護保険の運営に責任を持っている。その意味では、介護保険制度は公的責任が強い制度であり、『公助』と位置づけられてきたと言える。（中略）それでは、介護に対して公助は何を担うのであろうか。（中略）介護保険制度には国や自治体の責任が大きいことを確認し、公的責任から撤退するかのような雰囲気は避けなければならない警鐘としておきたい。さもなければ、保険料を払う国民から、介護保険制度に対する信頼を失うことを危惧するからである。（中略）『自助』や『互助』も重要であるが、『公助』の重要性を認識して、新たな介護保険制度に改正されることを願っている」[*12]（括弧内は中島）。

＊12　白澤政和『シルバー産業新聞』「白澤教授のケアマネジメント快刀乱麻第18回」第167号　2010年9月10日

以上のように、公費の投入がなされている介護保険と医療保険やその他の社会保険を「公助」から完全に脱却させることは、公的責任の減退をいっそう加速させることになるだろう。また、この公助と共助の範囲の曖昧さが、社会保障と、そこに包含されている社会保険・社会福祉における人びとの権利と責任の関係を希釈化しているのだと思う。例えば、厚生年金と国民年金の財源のあり方や、障害サービスと介護保険サービスの利用者負担のあり方における相違は、その理由を問われれば説明が難しい状況下にある。以上の反論を踏まえつつも、本書では、説明の混乱を避けるために、上に挙げた本報告書による自助・互助・共助・公助の定義をもとに議論を進めていく。

根底にみられる経済の効率性と自助努力

　さて、2015年の介護保険制度の改定を受けて、従来は介護予防給付の対象であった要支援1・2の人びとに対する訪問・通所介護サービスが、「介護予防・日常生活支援総合事業」（以下「新しい総合事業」）へ移行した。そして、今後は、要支援1・2の人びとを対象とする介護予防給付の多くの領域が、この「新しい総合事業」へ移行するのではないかとの推測が持たれている。[*13]

　また、「新しい総合事業」の訪問型サービスBと通所型サービスBでは、住民の支え合いによって、訪問・通所介護サービスの一部を担っていくこ

＊13　白澤政和はこの点を次のように指摘している。「こうしたサービスが、今後要支援者すべてに拡大されるのではないかという懸念である。要支援者を予防給付から切り離すことは、確かに介護保険財源を抑制する一方法であると考えられるが、そのためには、要支援者の自立支援を基本にして、介護予防として訪問介護や通所介護等の予防給付のサービスを提供してきたことの評価が求められる。本来は、この評価結果をもとに、新規に総合支援事業を実施するかどうかが議論されるべきである」。白澤政和「『介護予防・日常生活総合支援事業』の意図すること」『高齢者住宅新聞』2015年1月5日号

とが想定されており、今はまだ部分的にではあるが、全国の自治体で実施が進められている。これは、元来は専門職を配置することの必要性が認められていた事業である。

以上の趨勢は、政府の考える地域包括ケアと同じ流れを汲んだものと言える。地域包括ケア研究会による報告書の以下のくだりを見てみよう。

「生産年齢人口の減少による担い手の減少と需要の増加が進む2025年から2040年を念頭におけば、『自助・互助・共助・公助』のバランスを改めて考えなくてはならない。全国的には、制度の持続可能性を鑑みながら、共助たる介護保険制度の給付範囲の再定義という制度上の課題として、また保険者単位では、適切なサービス量の管理や整備方法をめぐる課題として議論を深める必要があるだろう。医療・介護・福祉にかかわる専門職の機能の対象は、専門職にしかできない業務への重点化が基本的な方向となっていく」[*14]。

ここでは、今まで政府の示す「共助」・「公助」で対応していた領域を、より専門的なものに限定していき、それ以外のものを「自助」・「互助」に移行するという方針が描かれている。この方針の下では、介護保険制度から要支援者や軽度の要介護者を排除していくことや既存サービスの質の低下を経由して、地域包括ケアを、私たちの考える本来の目的ではない費用抑制に焦点化したものへと進捗させることになる。

そもそも、暮らしの支援者としての私たちの専門領域は実に広範であり、対象領域を画一的に収斂することは難しい。つまり、実践の対象範囲は、事例によって大きく異なることがある。であるがゆえに、従来対象としてきた実践領域をより狭めていくことには細心の注意が必要であるし、何よりもその根拠が求められるはずだ。少なくともこの「根拠」は、支援を必

＊14　地域包括ケア研究会（2010）「地域包括ケア研究会　報告書」P.11三菱UFJリサーチ＆コンサルティング

要とする高齢者の尊厳保持と自立支援という介護保険法の目的に準拠した評価によって生み出されるものでなければならない[*15]。であるにもかかわらず、本報告書からも読めるように、この「根拠」は、「生産年齢人口の減少による担い手の減少と需要の増加」にあり、専門性の範囲について緻密に議論した形跡は見当たらない。

このように、従来の介護給付や介護予防給付による「共助」から住民の支え合いとしての「互助」への役割変遷を実施するのであるならば、介護保険法の目的と照らし、過去の政策のどこに誤りがあり、何をただすために変節するのか、政府にその説明責任がある[*16]。でなければ、ただ単に、財政上の問題を最優先して変更したと勘ぐられても反論できまい。

いや、現在の社会保障審議会介護保険部会の資料を見る限り、議論の中核は、費用抑制、ただその一点に傾倒しているように思われる[*17]。そして、これら一連の流れは、経済の効率性を優先した上で、人間のひとり一人の

[*15] もちろん、ここでいう「自立」は、むしろ、自己決定としての「自律」に近づけて考えるべきであり、また、社会福祉における「自立」とは、その性質からも、「誰かの支援を受けながらの自立」を念頭に置いたものでなければならない。

[*16] 2018年の介護保険制度改定にかかる政府による議論では、結果として見送られたものの、要介護1・2の人びとの「掃除や調理などの生活援助サービス」について介護「保険の対象から外して市区町村の事業に移す案」が提示されていた。報道では、見送りをする「代わりに、事業者の収入となる生活援助サービスの報酬単価を引き下げて介護費の抑制をめざす。要介護1、2の人に限らず、すべての利用者を対象とすることで調整。下げ幅は18年度の報酬改定に向けた検討課題としていく」とある。水戸部六美「介護保険の生活援助、要介護1、2の人向けは継続へ」『朝日新聞』2016年10月7日

[*17] この間の審議会では、「現役並みに所得の高い高齢者(単身者の場合年金のみ収入383万円以上)について、介護サービス利用時の自己負担を、現在の2割から3割に引き上げる」ことや「月々の利用者負担の上限額を超えた場合に払い戻される『高額介護サービス費』について、課税されている一般世帯の負担上限額を、現在より7200円上げ月額4万4400円とする」ことなどが議論され、そのことで、「3割負担の導入と上限額の引き上げによる財政効果は200億円程度」と報じられている。有田浩子・山田泰蔵「介護保険改正素案　現役並み所得者、自己負担3割に」『毎日新聞』2016年11月25日

思いを排斥し、人間をその集積としての「人口分布」で捉えている消滅可能性都市論や、コンパクトシティ論、「生涯活躍のまち（日本版CCRC）」構想と整合するものであると考えられる。しかし、ここで列挙したものは、人びとの尊厳ある暮らしを守ることを志向した本来の地域包括ケアとは相反する論理といえるだろう。

　加えて、政府は、この自助・互助・共助・公助に対して独自の序列を付与している。社会保障制度改革推進法（2012年8月施行）とこれまでの議論、そして、地域包括ケア研究会の本報告書を見てみるとよい。

　まず、社会保障制度改革推進法では、「社会保障制度改革は、次に掲げる事項を基本として行われるものとする」（第2条）としつつ以下のように言及されている。「自助、共助及び公助が最も適切に組み合わされるよう留意しつつ、国民が自立した生活を営むことができるよう、家族相互及び国民相互の助け合いの仕組みを通じてその実現を支援していくこと」（第2条第1項「基本的な考え方」）。人びとの生存保障や最低限度の生活保障の基盤としての社会保障制度を改革するという場面において、「家族相互及び国民相互の助け合い」、即ち政府の言うところの互助を強化して対応していく方針が掲げられている。憲法で定められている人間の権利の保障を、専門性や継続性といった安定性の脆弱な互助に委ねていくこの方針自体が、日本における社会福祉の後進性を示していると言わざるを得ない。

　本法律を根拠に内閣に設置された「社会保障制度改革国民会議」が提出した「社会保障制度改革国民会議報告書」では、「国民の生活は、自らが働いて自らの生活を支え、自らの健康は自ら維持するという『自助』を基本としながら、高齢や疾病・介護を始めとする生活上のリスクに対しては、社会連帯の精神に基づき、共同してリスクに備える仕組みである『共助』が自助を支え、自助や共助では対応できない困窮などの状況については、受給要件を定めた上で必要な生活保障を行う公的扶助や社会福祉などの『公助』が補完する仕組みとするものである」と謳っている。[*18]

＊18　社会保障制度改革国民会議（2013年8月6日）「社会保障制度改革国民会議　報

また、ここで言う「共助」とは、「国民の参加意識や権利意識を確保し、負担の見返りとしての受給権を保障する仕組みである社会保険方式を基本とするが、これは、いわば自助を共同化した仕組みであるといえる」とある様に、自助を基本に据えているものであることが明文化されている。[*19] これは「自助努力」を標榜してきた伝統的な日本の社会福祉おける形象と整合のある方針であると理解できる。つまり、自らもしくは家族が努力をし、そしてそれでも課題が克服できない様であれば、互助・共助の支援を経てそれでも駄目なら、初めて公的支援に辿り着けると言う流れが示されているのだ。

　地域包括ケア研究会の報告書においても、「介護保険（共助）の本当の役割と意義を地道に伝える」という節で以下の様な説明がある。段落ごとに見てみよう。[*20]

「〇介護保険制度は、その創設以来、介護職員等の専門職によるサービスを保険給付の対象として保障するという方法によって、本人および家族の介護負担を社会で広く受けとめる仕組みとして機能してきた。しかしながら、生活の困りごとのすべてが共助の仕組みである介護保険で対応できるのであろうか。人類はその誕生以来、それぞれの生活は自らの努力（自助）によって成り立ってきた。自助では不十分な事態にあっては、一族や地域の助け（互助）も得ながら、暮らしを継続する場合も多かっただろう」。

ここでは無政府時代、人類の誕生の日まで極端に歴史を遡り「そもそも」

告書」P.2・3
*19　社会保障制度改革国民会議（2013年8月6日）「社会保障制度改革国民会議　報告書」P.2・3
*20　地域包括ケア研究会（2010年3月）「地域包括ケア研究会　報告書」PP.12-13三菱UFJリサーチ&コンサルティング

論を展開している。その様な論理を基底に据え、改めて、人間の基本が自助であり、互助であると説いているのだ。加えて、以下の説明が続く。

「○介護保険制度は、『自助』や『互助』だけでは介護負担を受け止められなくなった社会状況に対応して誕生した。ただし、その目的は、『自助』や『互助』を介護保険（共助）で置き換えるものではない。あくまで『自助』や『互助』では対応しきれない部分や、所得等の経済力によって逆選別となりがちだった公助では対応しにくかったニーズに対して、『共助』がこれに対応するとの認識のもとに、介護保険制度は設計され、発展してきた」。

介護保険（共助）は、自助・互助の安易な代替を担うものではなく、そこを補填するものであるとの見解が示されている。つまり、介護の問題を本人や家族に押し付けてきた弊害からの脱却として、介護の社会化を志向した介護保険の方針の虚偽性を明らかにしているわけだ。いや、これは、社会保障制度のあり方そのものを否定する論理であるといえるだろう。広井良典は社会保障制度について以下の様に論及している。「社会保障という制度は、経済の進化に伴って、（自然発生的な）共同体——家族を含む——が次々と解体、『外部化』していくことに対応して、それを新たなかたちで『社会化』していくシステムである[21]」。

また、ここでは「公助」を「所得等の経済力によって逆選別」となることの指摘がなされているが、これは公助自体に付随した問題ではなく、むしろ、選別主義的な方法による瑕疵であり、「所得等の経済力」如何によらず全ての対象者にサービスを提供する普遍主義的な運用を行えば払拭ができる制度設計上の問題である。以上の事柄を念頭に置きながらも、執拗なまでに自助と互助の重要性を説いていき、更には、それを「時間をかけて地域文化として定着させていく」というのだ。

＊21　広井良典（1999）『日本の社会保障』P.184 岩波新書

「〇介護保険法は第4条で、介護保険給付の前提として、国民が自らの健康増進を行い、要介護状態になることを予防するよう努める義務を定めている。介護保険や行政の支援は、最終的に必要な全ての人に提供されるべきであるが、そのような状況の一部は、個々人の努力によって回避又は軽減できる場合がある。自助や互助の積極的な取組は、結果として共助としての介護保険制度の持続可能性を高めると考えられる。〇こうした意識共有のためには、時間をかけて地域文化として定着させていく地道な取組が欠かせない。介護サービスの利用が必要になった段階ではじめて介護保険と向き合うのではなく、元気な時から介護保険について正確な理解を促進するための機会の提供が重要である」。

「制度の持続可能性を高める」ために社会保障を抑制するという本末転倒

　ここでは、少し本論から逸れるかも知れないが、介護保険制度そのものにおける問題点も指摘しておく。上文における一番の問題点は、「介護保険制度の持続可能性を高める」ことが最優先事項となっている所にある。本来、制度は、人間の暮らしを守り、その質を高めるための道具に過ぎない。その「道具」を守るために、却って、人間が不幸になるのであれば、それは本質を見失った施策であると評されても仕方があるまい。他の社会福祉制度と比較して、この介護保険制度では、異常なほど、「制度の持続性」が声高に主張され、人びとの利益が後回しになっているのだ。

　この理由としては、まず、財政問題が根底にある。権丈善一がいうように「増税を考えない政権の下では『制度の持続可能性』が強調されて社会保障の抑制が強化」されるからだ[22]。つまり、財政のあり方が、社会保障の抑制強化に帰結しているという指摘である。実は、このことは重要な指摘であり、であればこそ、これからの社会福祉の専門家には、「費用抑制」を無批判に受け入れるのではなく、むしろ、増税等の後押しをしつつ、その財源を確実に、社会保障と教育を目的としたものにしていく運動が求められ

---

[22]　権丈善一（2016）『ちょっと気になる社会保障』P.101 勁草書房

ているということだ。

　ところが、一章でも触れたように、費用抑制論に依拠した社会福祉専門家は実に多い。であればこそ、ソーシャルワーカーは、費用抑制論の呪縛から脱却し、社会保障と教育を目的化した財源の確保のための増税等に対しても積極的に働きかけていかなければならない。

　そして、もう一つの理由として、介護保険制度では、その財源の半分が保険料によって運用されている点にあると私はみている。つまり、一見すると純粋な社会保険に思われる介護保険制度においては、被保険者の拠出金によって成り立っているこの保険制度を破綻させるわけにはいかないという方向へ人びとの意識を誘導しやすいのではないかと考えるのだ。ここに、社会保険制度の大きな弱点があると私は踏んでいる。

　つまり、社会保険では、同じ被保険者であっても、現にサービスを利用している人びとと、サービスを利用していない人びとが存在する。税とは異なり社会保険では、保険料の取り扱いが明確な上、運用における共通理解がしやすい分、サービスを利用中の人と、そうでない人の感情に懸隔が生じてしまう。サービスを利用している人びとは、より安価にサービスの質と量を求めるだろうし、利用していない人びとは、保険料を支払うことやそれが高騰することに負担感を抱いてしまう。よって、社会保険の運用においては、どうしても、この両者の均衡をとることを考えざるを得なくなる。

　しかし、介護保険サービスは、人びとの最低限度の生活保障や生存保障を保持するサービスでもあり、本来は、被保険者同士の利益を慮ってサービスの提供範囲を決めるものではないはずだ。そもそも、全ての人びとがサービスを利用する可能性の極めて高い高齢者の医療と介護は社会保険に委ねるべきではなく、税によって対応すべきであろう。もちろん、財源確保の観点から言えば、社会保険は税よりも財源を調達しやすいことは周知の事実である。しかし、少なくとも、上記の問題を度外視することなく、より克服しつつ検討を重ねていく必要があるし、財源が確保されればそれ

でよいというもとにもならない。その根底に、人びとによる議論と、共通理解があるべきだと私は考えている。

　井手英策も次の様に指摘している。

「社会保険の原理で言えば、疾病やけが、出産、介護、退職などを理由に失われる、『所得』を保障するための現金給付に範囲は限定すべきである。したがって、医療や介護などの、賃金の有無に関係なく誰もが必要とするサービスについては、税で対応すべきである」[*23]。

　以上みてきたように、社会保障には、社会保険のみならず、公的支援を基盤とした社会福祉が含まれるわけだが、介護保険を契機に昨今の社会保障は、社会保険の占める割合が増大している。現在では、社会保障給付費の約9割を社会保険が占めている。公的責任としての社会福祉の領域が減退し、社会保障すなわち社会保険への様相を帯びつつある。

　もちろん、私自身は、人びとの暮らしを守るために社会保険は必要な仕組みであると考えているが、税による社会福祉と社会保険、双方の特性と役割の共通理解が稀釈している中で、社会保険だけを強調していくことには危機感を抱いている。なぜならば、公的責任の範疇のものは、政府と地方自治体が責任を有してそれに当たるべきであり、社会保険で代替をするものではないと考えているからだ。ここで言う社会保険で代替すべきでない公的責任の範囲としては、三浦文夫の以下の件が参考になるだろう。

「第一に、サービスが対応すべきニードが生活を成立せしめる基礎的な部分に係わるもので、それが充足されないことを放置することが社会的に認め難いという合意にもとづくような場合、それは公的責任によって対応しなければならない。そしてそのような種類のニードの充足は、ある種の強制力を伴って公的な義務として行わなければならないとされる。

＊23　井手英策（2013）『日本財政　転換の指針』P.154岩波新書

この考え方は社会福祉の分野においては、措置の概念と結びついて理解することができる。(中略)そして元来はこの概念は、生活保護法にいうところの『保護』ということと同じように緊急に援護・育成を要する状態、すなわちそれを放置すれ

図3-1

ば、その最低の人間生活の維持を図ることのできない状態に対して、行政が責任をもって擁護・育成などを行うこと[*24]」。

　上記の見解から言えば、介護を含めた社会福祉や医療、そして、教育などがこの領域に当てはまるだろう。そして、この「介護保険制度の持続可能性」を至上のものとする土壌の上に、自助・互助・共助・公助の序列が据えられている。その根拠となっているのは、財源の確保を度外視した費用削減の論理があり、共助(介護保険制度)を守るためには、前列の自助と互助を強化する必要があるからだ。このことは、地域包括ケア研究会の報告書にある「植木鉢」の図解を見てもわかりやすい(図3-1)。

　右側の新しい図解を見れば、地域包括ケアシステムの土台に「本人の選択と本人・家族の心構え」が設置されている。まず、これは明白な自助を表している。加えて、植木鉢本体の「すまいとすまい方」についても、サービス付き高齢者向け住宅や有料老人ホームを指すのであろうが、これらの住居にかかる家賃や公益費、サービス費は原則自己負担であり、この植

＊24　三浦文夫（1985）『社会福祉政策研究──社会福祉経営論ノート』PP.167-168全国社会福祉協議会

木鉢本体も自助の範疇にあることがわかる。そして、植木鉢の中の土壌には、「介護予防・生活支援」が記されている。左側・前回の図解では、「生活支援・福祉サービス」が表記されていたので、今回の改訂で、前回土の部分に示されていた「福祉サービス」と、葉の部分にあった「介護予防」とを入れ替えた形となっている。このことからも、軽度者の介護給付や介護予防給付にかかる現下の議論を鑑みれば、この土壌は、互助の領域を意図しているといえるだろう。そして、葉の部分は、まさに共助と公助が占めていることを表現しているのだ。

　加えて、指摘しておくと、図3-1における前回の図式では、一番下の受け皿の部分が、「本人・家族の選択と心構え」と表記されていた。それが、新しい図式によって「本人の選択と本人・家族の心構え」とされている。古い方の表記は、明らかな「誤植」としか思えない酷い内容であるが、この「人びと」の自己決定が家族によって平然と代替されている実態を如実に表している。また、新しい記述においても「本人・家族の心構え」を敢えて記載する意図が私にはわからない。一体どのような「心構え」を「本人・家族」に求めようというのだろうか。それは、本報告書の文脈からは、推して知るべしだが、「本人・家族」に対する自助努力の強要と、サービスの利用控えの促進へと連なるであろう。

4 助を序列化することの弊害

　話を元に戻せば、この4助における序列の置き方には大きな問題を含んでいる。もし、自助⇒互助⇒共助⇒公助の流れに乗ってしか、社会保障サービスに辿り着けないのであれば、却って、「人びと」のサービス利用控えや「人びと」に対するスティグマを払拭することなどは不可能なこととなるだろう。以上の流れを要件とするならば、共助・公助を受ける人びとが、自助・互助を怠った帰結としてその存在を周囲から捉えられる恐れがあるからだ。その結果、その様なスティグマをこうむるぐらいならサービスは安易に利用しない方が良いとの意識が人びとに機能するようになる。そし

て今度はそれが、同じサービスの利用資格を有していながらも、サービスの利用者と非利用者の間に歪んだ対立感情を生み出すことになる。更には、この対立感情は、スティグマの負の循環へと連なるであろう。貧困研究の領域ではあるが、唐鎌直義の以下の指摘はこのことを十分に物語っている。

> 「厳選された『認定貧困者』だけを対象としている限り、生活保護制度のスティグマ（社会的恥辱性）は、経済状況と格差社会が深刻化するにつれて、強まりこそすれ弱まることはない。生活保護法に明記されていない『運用上の受給要件』によって保護の受給から排除された低所得の『非保護者』（要保護者）が『被保護者』に向けるまなざしは厳しくならざるをえない。同じような水準の生活をおくる貧困者同士だからである。彼らが『被保護者』に向ける厳しいまなざしは、今度は彼ら自身が『被保護者』になったときに、周囲の人々から自ら受けることになるであろう厳しいまなざしとして認識される。（中略）『社会的恥辱性』が強まっていくなかで、『被保護者にだけはなりたくない』という一点に、市民としての尊厳の最後の砦が築かれていく。『社会的恥辱性』はこうして構造的に作り上げられ、温存されてきたものなのである」[25]。

概して、これらのことは政府の目論みの一つである費用抑制に、大いに"貢献する"であろう。結果、人びとのスティグマと対立感情を醸成し、人間の尊厳を毀損していくことと引き換えに、政府は、社会保障制度や、「介護保険制度の持続可能性を高める」ことにも成功を収めることになる。

自助・互助の力のない者に限定して、共助・公助のサービスを提供するこれら選別主義の仕組みは、人間が基礎的な暮らしを営む上で最低限度必要とされるサービスは、本人の経済状況や能力、家庭環境に左右されずに誰もが利用することができるとする普遍主義の思想からも乖離している。

---

[25] 唐鎌直義（2012）「社会福祉における貧困論の展開」編著：河合克義『福祉論研究の地平　論点と再構築』P.44法律文化社

そもそも、社会保険でさえ、(飽く迄も、保険に加入している者のみが対象ではあるが) 被保険者が、ある状態に置かれれば、無条件にそのサービスを利用することができるというところに真骨頂があるはずだ。よって、この選別主義の流れは、この社会保険のあり方そのものをも歪曲する論理であるといえる。こうした選別主義の論理は、貧困論における制限扶助主義そのものと整合する。唐鎌によれば、制限扶助主義や選別主義の思想は、1874年に施行された恤救規則の時代から存在し、そして、敗戦を経た現在に至るまでその根をはっているという。

「わが国の現在の公的貧困救済のフレームワークは、貧困かどうかを判断する基準の程度が過去の『極貧』から今日の『貧困』に上昇しただけで、今も基本的に明治期の恤救規則とそう大きく変わっていない。社会のなかの最も弱い立場にある貧困者に対する国家の処遇という観点から日本をみる限り、戦前と戦後は連続した社会といえるのではないか。保護の申請者に生活困窮以外の受給要件を課し続ける限り、現行制度はまさにイギリス新救貧法 (1834年) が採用した『救済に値する貧困者』(Deserving Poor) だけを選別的・効率的に救済しようとする制限扶助主義の制度そのものではないか。戦後の日本は (そしておそらく現在の日本も)、『労働と兵役』の義務が『労働と納税』の義務に入れ替わったに過ぎず、社会保障の基底は戦前とそう変わらない、というのが筆者の意見である[26]」。

人間の社会的権利の保障は互助では担えない

この様な脈絡の中で、政府の示す地域包括ケアをみれば、この社会保障政策における連続性を確然と捉えることができるだろう。現代のソーシャルワークには、この負の価値規範を乗り越えるための挑戦を続けることが強く求められている。

*26　唐鎌直義 (2012)「社会福祉における貧困論の展開」編著：河合克義『福祉論研究の地平　論点と再構築』P.41法律文化社

ここで改めて、この互助の本来の役割を、ボランティアの理論から捉えなおしてみよう。政府の定義では、この互助は、専ら地域住民による支え合いのことを指している。であるならば、ボランティア活動はまさに「互助」そのものであると捉えることができるだろう。

　ボランティアの特徴は、いわずもがな自発性と主体性にある。つまり、ある活動をするかしないかは、ボランティアの実に個人的な思いに準拠してなされるものである。この様に考えれば、そこに住む住民の個人的な思いの相違によって、互助の質と量は様々であることがわかるし、住民のその時々の思いによって互助の性質は変遷していくものと言えるだろう。ボランティアは、その場限りの支援にも対応ができ、融通性の高い活動には期待ができる一方で、ボランティアの個人的な思いによって取り組みの中身が左右されてしまうという意味において内容と継続性に不均質が生じやすい。他方、公助（ここでは共助も含む）によるサービスは、全ての人びとの普遍的なニーズに対応する法律・制度に基づいたものである以上、継続性と均質性は高いものの、どうしても融通性の乏しい展開になりかねない。このように互助・ボランティアの特性としては、一回性や臨機応変性に富む反面、持続性や均質性に乏しいことが確認できる。

　以上の互助の特性を鑑みれば、その「守備範囲」は明らかに限定されよう。先ほど挙げた公的責任の範疇を互助が担うべきではないこともよくわかる。なぜならば、人間の社会的権利としての生存保障や生活保障を持続性と均質性に乏しい互助に委ねることなど到底できないしすべきではないからだ。最低限度の生活保障と生存保障は、政府と地方自治体の責務において対応を果たすことでしか、日本は国家としての体をなすことができないであろう。早瀬昇も以下の様に論及している。1997年に発表された論文であるが、約20年経った今も同様の問題が決着していないことに驚きを禁じ得ない。

　「最近、社会の急速な高齢化の中でボランティアの活動を期待する議論

も目につく。なかでも、高齢社会の到来に伴う福祉需要の急増に行政サービスが追いつくのは難しいから、住民参加＝ボランティア活動が不可欠だという主張も少なくない。いわば不足する行政サービスをボランティアで補完しようという発想だ。(中略)ボランティアには人権の擁護はできても、人権を保障することはとても難しい。そもそも権利の保障とは義務的な対応によって成立する。しかし、義務的な活動をボランティア活動とはいわないのである。行政サービスが不足しているからと『住民参加』の必要性を説く議論もあるが、そもそも行政サービスは税金を通じて住民が総参加する仕組みなのである。人権として保障すべきニーズをカバーする行政の供給力が本当に不足する場合は、住民全体に対して税金などの負担を増やすべきであり、任意のボランティアに期待するのは筋違いであろう[27]」。

4 助における責任の範囲と役割分担の明確化に向けた議論を

以上、自助⇒互助⇒共助⇒公助の序列化や優先順位を設けた流れをつくること自体への反論を重ねてきた。では、この4つの範疇の「守備範囲」をどのようにとらえるべきであろうか。そもそもの話をすれば、この4つの分別の方法自体が正しいのか、どのような意義があるのかについて私は疑問を抱いている。だが、地域包括ケアの議論を深めるために、敢えて、この土俵に乗ることにする。

まず、先ほど、社会保険では対応すべきでない分野として引いた三浦文夫の公的責任の領域——生活を成立せしめる基礎的な部分に係わるもので、それを充足せずに放置することが社会的に認め難いという合意にもとづくような場合——を公助の一つとして捉えるべきである[28]。加えて三浦

---

* 27　早瀬昇（1997）「私にとってのボランティア」監修：社会福祉法人大阪ボランティア協会・編著：巡静一・早瀬昇『基礎から学ぶ　ボランティアの理論と実際』P.17　中央法規

* 28　三浦文夫はこの点について、「基本的な考え方を試論的に」示すとしたうえで、

は上記と異なる領域として、「必ずしも行政がもっぱら責任をもって行う、いわゆる『義務的サービス』とは異なり、公（行政）および私（民間団体その他）のいずれもがこれらのサービスを行うことができる」サービスとして、「提供されるサービスが、そもそも他のニード充足手段としての市場メカニズムや家族に、適合的ではないという判断が成立する場合」や、「そもそもサービス提供が採算性を欠いたり、資源の調達が困難であるため、市場メカニズムによって組織されるインセンティブを欠いている場合、あるいは、市場メカニズムによって、提供されるサービスでは必要な量と質を確保することが困難な場合、あるいは必要な質を確保するためには、負担困難な価格になる場合、さらには、サービスの利用に不公平を生じ、接近性が妨げられる場合」を挙げている。[*29]

　以上の主張に対して、上記サービスの提供についても、私は、本来は「義務的サービス」に位置づけるべきであるし、公的責任の関与を退行させるべきではないと主張してきた。むしろ逆に、1985年当時、これを明確に公的責任の範疇に収めようとしなかった三浦の認識に疑問を抱く。この三浦の主張以降現在においては、サービス提供主体の多元化と企業参入が進行してしまったが、それでも、サービス提供者が、行政であれ民間団体であれ、市場の原理に委ねることができないサービスの範疇は公的機関による責任ある関与が不可欠であると一章では明言してきた。また、その過ちを蔓延しつつあるのが現下の社会であることも述べた。サービス提供者が

その他二つのニーズを挙げている。一つは、「そのニードの充足が、市民個々人の便益あるいは福祉を増加させることと同様に、それが社会的な便益、福祉をも増大するという合意が形成される場合」であり、今一つは、「そのニードの発生が、国の責任に帰属していたり、あるいは特定の加害者を確定化できず、しかもその被害を放置することができない場合に必要とされるサービス」とし、これらも含めて公的責任・行政責任として捉えるべき領域と説明する。三浦文夫（1985）『社会福祉政策研究－社会福祉経営論ノート』PP.167-168 全国社会福祉協議会
＊29　三浦文夫（1985）『社会福祉政策研究－社会福祉経営論ノート』P. 169 全国社会福祉協議会

民間団体に委託されている場合においても、政府・自治体は、民間団体の豊かな創造性を認めながらも、その監督・支援の責任を遂行しなければならない。よって、社会保険においても、政府の責任ある関与が根底になければならないため、これらの領域も共助ではなく、公助に含めて考えるべきだと思う。

　では、共助とは何を指すべきか。特定の圏域における地域住民（NPOやボランティアを含む）による自主性・主体性を基盤とした一定の組織・集合的な活動がこれに当たると私は考えている。これは2008年3月に纏められた厚労省の「これからの地域福祉のあり方に関する研究会報告書」（「地域における『新たな支え合い』を求めて――住民と行政の協働による新しい福祉――」）と整合する捉え方である[*30]。ただし、この研究会が示していた「地域の共助」には、住民による互助も含められて考えられていた。

　それにしても、ほぼ同時期に同じ政府の、地域福祉を検証する研究会と地域包括ケアを検討する研究会におけるこの懸隔は、一体どこからくるのであろうか。これに対しては、上記の社会福祉と社会保険の関係でも触れたとおり、社会福祉を基盤としている地域福祉と、介護保険、すなわち、社会保険を念頭においている「地域包括ケア」の相違点に起源があると私は考えている。

　最低限度の生活保障と生存保障を公助が担うことを前提としつつ、この共助と次の互助の領域では、人びとの暮らしのよりきめ細やかな支援や、公助に付加した豊かな暮らしを志向した活動が含まれることになる。尊厳保障の範疇にある生活保障と生存保障は公助が担い、それ以外を共助・互助、そして自助が担っていく展開である。

　そして、互助は、地域住民同士によるいわゆる隣近所の助け合いを指す。共助と互助の違いは、実質的には、それが組織立って行われているのか否

＊30　これからの地域福祉のあり方に関する研究会（2008年3月31日）「地域における『新たな支え合い』を求めて――住民と行政の協働による新しい福祉――」『これからの地域福祉のあり方に関する研究会報告書』

かによるものと考えられる。他方共通項としては、そこで共に暮らす人びと同士の互酬性と信頼性を必要とし、また裏打ちされた関係を成立要件としている点が挙げられる。最後に自助は、家族とその外部との敷居の高い日本では、本人のエンパワーメントのみならず、家族単位の支え合いも含んで考えるのが妥当であろう。

　以上のことを鑑みれば、公助・共助・互助・自助に優先順位をつける必要性は見当たらない。むしろ、それぞれが担う対象の範囲を定めることが重要であり、そこさえ担保されれば、自助・互助・共助の支援を受けられない人だけが公助のサービスを受けるなどあり得ないことになるし、公助を受ける人びとに対する"選別作業"やスティグマ、そして、階層間における人びとの分断なども緩和されていくであろう。自助力があってもなくても（例えば、金持ちも貧乏人も）、最低限の生活保障と生存保障は公助によって対応すべきとの普遍主義が根底にあればこそ、これらの序列を設ける必要もなくなるのである。それでもなお、序列化や優先順位をつけるというのであれば、そもそも、この4つの区分は、弊害でしかなく、不要なものとなるだろう。

　もしこの4つの範疇を用いる理由があるとするならば、それは、先ほどから示してきたそれぞれの責任の範囲や役割分担を定めていく議論に用いる場合においてである。広井良典は、このような責任や役割の範囲の曖昧さが、社会保障や超高齢社会の将来に対する人びとの不安へと直結していると述べている。「それは何よりも、社会保障全体の姿として、最終的に『公』的に保障されるのはどこまでで、どこからは『私』ないし自助努力の領域に委ねられていくことになるのかについての、基本的な将来像が示されていない（あるいは、そうした『選択』を問う議論自体が行われていない）ことにあると筆者には思われる[*31]」。つまり、社会に共通理解を促すための方途としては有効であると私は考えている。

　一方で、一章で叙述した通り、私は、公助の減退が人びとの尊厳を毀損

＊31　広井良典（1999）『日本の社会保障』岩波新書 P.204

すると主張する反面、この人びとの尊厳保障が公助によってのみ完了するともまったく考えていない。公助が如何に充実しても、そこで暮らす人びとの間に、多様性・信頼性・互酬性が不在であるならば、人びとの尊厳は保持されないと考えているからだ。ということは、地域包括ケアに対して私たちは、公助としての、医療・社会福祉（介護を含む）サービスを提供する一方で、この人びとの関係づくりへ関与する共助・互助の領域にまで視野を広げることが求められているとも言えるのである。そして、本書では、公助の担い手として社会福祉（介護を含む）サービスに従事している者たちが、その責務を果たしつつも、同時に、共助・互助を促進し、時に自らがこの役割を担う展開を描いていく。

　いずれにせよ、人間の生存保障と生活保障、言い換えれば、社会がその人の最低限度の尊厳を保持するために必要と認識している社会福祉や医療、教育などの領域は、本来公助が担うべきであり、であるならば、介護（保険）も共助ではなく、公助に位置づけるべきであろう。その上で、これら公助に位置づけるべきサービスは、本人や家族の経済状況や関係性などの如何によらず、サービスを必要とするニーズが生じた時点で、誰もがそのサービスを利用することができる普遍主義に基づいて提供されなければならない。それは、サービスを利用する人びとに対するスティグマを払拭するのみならず、サービス利用者と非利用者のいびつな対立感情を緩和し、社会保障制度延いてはそれを運用する政府に対する信頼醸成にも寄与するからだ。唐鎌も、「救済対象の公的な定義は、同時に公的な貧困の理解を社会に規範として提示する意味をもつ」といっている[32]。逆説的に言うと、選別主義は、国民に対する政府の信用を失墜させることにも繋がる。政府に対する信頼を喪失した国家の行く末がどうなるかは周知の事実である。

＊32　唐鎌直義（2012）「社会福祉における貧困論の展開」編著：河合克義『福祉論研究の地平　論点と再構築』P.38法律文化社

● Integrated care から Inclusive care へ
―― 多職種連携から地域包摂へ

地域包括ケアに不可欠な住民参加の視点 ―― 手段としての連携

　五つ目の疑問点は、「Integrated care」のイギリス語訳に象徴されるように、地域包括ケアを「切れ目のないケア」、そのための多職種連携が執拗なまでに強調されていることにある。これは、政府の示している地域包括ケア論のみならず、各基礎自治体で展開されている方針や計画のありようを見ても顕著であろう。私のかかわる自治体の委員会等では、地域包括ケアすなわち多職種連携とでも言わんばかりの様相である。地域包括ケア研究会における報告書の「利用者からみた『一体的』なケアが求められている」の節で確認してみよう。[33]

　「要介護者の地域生活は、介護だけでなく、生活の前提となる住まいと、自立的なくらしのための生活支援や社会参加の機会が確保され、必要に応じて専門職による医療、看護、介護、リハビリテーション、保健・福祉サービスなど多様なサービスや支援が必要になる。また、在宅生活に臨む本人や家族は、介護の負担や心身状態の急変など、様々な面で不安感を抱えている。こうした不安を払拭するためには、ニーズに応じた多様なサービスや支援が、仮に複数の事業者や専門職から提供されていても、一つのチームから提供されていると感じられる『利用者からみた一体感』が重要になる。しかしながら、実際のサービスや支援は多様な法人や団体、事業者によって提供されているのが一般的であり、ともすると利用者は複数の提供者と個別に付き合うことになってしまうケースも少なくない。民間の居宅介護サービスについては、一法人一事業者一事業所

---

[33]　地域包括ケア研究会（2016年3月）「地域包括ケアシステム構築に向けた制度及びサービスのあり方に関する研究事業報告書 〈地域包括ケア研究会〉地域包括ケアシステムと地域マネジメント」PP.6-7 三菱UFJリサーチ＆コンサルティング

といった小規模の場合も多く、地域内で連携を取る場合も、事業者ごとの方針の違いが障壁になりやすい。地域包括ケアシステムは、こうした多様な資源が、利用者からみて一体的に提供される体制（あるいは、利用者がそのように感じられる状態）を実現する地域の仕組みづくりである」。

　もちろん、多職種・多機関連携は地域包括ケアの重要な要素といえる。問題なのは、この「連携」の内実であり、加えて、「連携」は目的ではなく手段であるため、「連携」を強調するに留まっていては本末転倒になるということだ。却って、私たちはこの「連携」の先にあるものを見据えていかなければならない。そこが明示されていないことにも疑念が残る。
　本書では、地域包括ケアを、個別支援としてのケアと地域支援としてのまちづくりの有機的複合概念として捉えている。そして、前述の通り、ここでいう「まちづくり」とは、全ての人びとの尊厳が守られる地域を志向することにある。つまり、この場合の多職種連携とは、この双方を射程に収めたものでなければならない。であればこそ、政府の示す社会福祉・保健・医療・住民（地域包括ケア研究会による報告書では「ケアマネジメントのプロセスの協働化」の項で「近隣の支え合いやボランティア（互助）」の活用が謳われているので「住民」を追加した）による連携ではその範囲が非常に限定的であると言わざるを得ない。
　人びとの暮らしの支援とまちづくりは、社会福祉・保健・医療の専門職だけでおりなすものでは断じてなく、教育、環境、地域産業、農・林・水産、観光、芸術、文化、宗教などのあらゆる領域の専門家の加入が不可欠である。特に、教育分野においては、学校教育のみならず、社会教育・成人教育の分野の専門家はより重要な役割を担うであろう。
　また、「住民」の範囲においても、自治会の役員や民生委員やボランティアの担い手などのいわゆるキーパーソンのみではなく、何かの集団に属しているわけでも、特定の役割を担っている者でもない「ヒラ」の住民も、いや、「ヒラ」の住民こそを対象とすべきである。これらの問題は、人間の

暮らしの広範性とまちづくりに対する認識の捨象、そして、地域包括ケアの対象を高齢者に限定していることから派生していると考えらえる。この様な広範な領域の人びとによる連携が強化されていけば、そこで多様な他者間における学びが促進され、地域に多様性と信頼性が醸成されていくことになる。本書で述べる地域包括ケアの真の狙いは、この失われた人びとの多様性・信頼性・互酬性を取り戻すことにある。このことを念頭においた広範でかつ多様な人びととの連携のあり方が今求められているのである。

　上記の連携のあり方に加えて、その先にある狙いについて更に深めていこう。地域包括ケアを、個別支援とまちづくりの有機的複合概念と捉えるならば、個別支援の集積がまちづくりへと連なる流れと、逆に、まちづくりが各々の個別支援に貢献する反対の流れも検討する必要がある。しかし、これら多職種連携の強調は、前者への着眼に終始しており、後者に対する手当てが等閑になっている。当然、地域における個別支援の集合・堆積が、まちづくりへ繋がることは間違いないが、そのことだけをもって地域包括ケアがなしえたということにはならない。

　これに加えて重要な視点は、その地域を総合的に捉えた展開にある。つまり、その地域で暮らす人びとが、自らの地域の強みと弱み（特に「強み」が重要）を理解し、それを踏まえてどのような地域社会のあり方を求めているのか議論と活動を重ねる、そしてお互いの共通理解を深めていくといった地域の全体性を捉えた営みである。そのためには、まちづくりに対して、様々な住民の主体的参加が不可欠であり、この活動への参加を通じて、参加者間の互酬性と信頼性を醸成していくことが同時に求められていく。そして、多様性と信頼性の尊重がなされた地域の中で展開される個別支援は、より質の高いものへと成就していくのである。

　もちろん、本書で取り上げる「まちづくり」は、巷間で考えられているそれの一部でしかないと思う。飽く迄も、一つの専門分野であるソーシャルワークの価値に準拠して展開する「まちづくり」であるからだ。しかし、一章で述べたように、「その一部」は人間の暮らしと尊厳の基盤そのものを

担い、そして、現下の社会から喪失されつつある信頼性と多様性の復興に寄与するとても重要な「一部」なのである。加えて、私たちが個別支援を実践する際に、「人びと」に焦点化するだけではなく、「人びと」を取り巻く社会環境の全体性へも着眼しなければならないと説いてきた。以上のことから、私たちが、地域の全体を捉えて「まちづくり」に関与していくことは、個別支援のありようにおいても、そして、人間の尊厳保障のなされる社会の構築においても大いに貢献するものである。そして、この積極的なまちづくりへの関与こそが、ソーシャルワークで言うところのソーシャルアクションであり、地域変革や地域包摂へと帰結する実践であるといえる。

地域包括ケアを地域包摂・社会変革に連ねる

このように、私たちは、地域包括ケアを、決して「多職種連携」に留めることなく、より多様で広範な分野の人びとが共に活動への参加を通して、地域に多様性と信頼性を育む機能を強化していくことで、地域を変革、創造していく推進力になり得るものにしていかなければなるまい。地域包括ケアが、地域包摂や地域変革に資するという以上の事実は、実践家はもちろん、研究者においても殆ど語られることはない。しかし、私たちの前の世代の研究者らによってその端緒は幾らか示されてもいた。

岡村重夫は、多機関連携に、「community care」の独自性をみることは可能ではあるが十分ではないとし、多様な人びとの社会関係の復興や、共通理解の促進にこそ繋げるべきだと次の様に指摘する。

「なるほど地域社会における社会生活上の困難は、多種多様であり、従ってこれに対応する福祉サービスも多岐にわたるであろうから、公私関係機関・施設の多方面にわたる協同・連絡・調整の必要なことは、ほとんど自明のことである。この点において、単一機関ないし制度によって行われる"居宅保護"や"在宅者サービス"と、東京都審議会の言う"コ

ミュニティ・ケア"との相違を指摘することも可能であろう。けれども
われわれが問題にしてきた"Community care"の本質は、そのような各
種機関・団体の協同による保護サービスという特長点だけでは、解明し
えないものを持っていると思われる。結論的に言えば、それは文字通り
地域共同社会による保護サービスであり、従って地域住民の自発性と協
同的行動によるサービス活動である点に本質をもつものである、それな
ればこそ、在宅の対象者とサービス主体者としての地域住民との間の社
会関係ないしは精神的紐帯が生れ、彼が地域社会の一員と感ずることが
できるのであり、それを手懸りとして社会的リハビリテーションが可能
になるのである。救護法の"居宅保護主義"のように、単にその長所が
"家庭生活に多く影響を及ぼさない"というような、家庭内視野ではな
く、要保護者と地域社会との交流・接触・同一化による治療効果をねら
っているのが、Community careの本質でなくてはならない。簡単に言え
ば、地域住民の参加・発意による共同社会体制がなければ、そもそも
Community careの概念は成立しないのである」[34]。

他方、阿部志郎は、「コミュニティ・ケア」には運動的側面があることを
以下の様に述べている。

「ノーマライゼーションは、障害を持つ者と持たぬ者が、同じ地域で生
活することをノーマルとする。しかし、『共住』だけでは充分でない。と
もに住むことによって、互いにふれあい、学び合い、経験を分かち合い
ながら、異質性を認識し、受容し合う。そして、相互の理解を信頼へと
育て、共同行動を導く。それは、異文化が接触して相互に変革される文
化変容（acculturation）を通して、人間社会が豊かにされる原理の応用で
もある。共住が『共存』を可能にする社会へ──共住から共存へ──、
これがノーマライゼーションの思想にほかならない。共存とは、障害者

─────
＊34　岡村重夫（1970）『地域福祉研究』P.5 柴田書店

も老人も、それが、老人ホームであれ、家族の中であれ、それぞれの『座』を創出し、相互の役割を認識して、支え合うコミュニティに生きることをいう。コミュニティ・ケアは、地域の住民の共存を目標とする。情報提供、共同学習を積み重ね理解と信頼を深め、問題とその解決への実践の共有化を目指すので、運動論としての側面を持っている」。[*35]

　両氏の見解の共通項は、地域包括ケアを、地域における人びとの個別の課題を解消する方法としてのみとらまえているのではなく、その課題解決の過程に様々な住民の参加を促し、その状況の中で、人びとが、互酬性や多様性を獲得する方法として認識しているところにある。一方で、これが地域包摂や地域変革そのものであり、さらに伸展させ大きな社会包摂へと帰結させようとする社会変革に対する明確な意思は捉えることができない。また、地域包括ケアが、地域包摂に資するとはいうものの、それをどのように押し広げていくべきか、更なる方法論についての言及もみられない。これらの道程を明らかにしていくことが、次世代の、いや、二世代は離れているのであろうが、私たちの世代が果たすべき仕事となると私は考えている。

　以上のことからも、地域包括ケアで多職種連携を目指すこと自体が、1970年、岡村の時代においてでさえ既に「自明のこと」であり、如何に大時代な発想であるかが理解できるだろう。もちろん、45年の歳月を経ても、未だ「連携」の重要性が謳われている、すなわち、その事が十分に機能していないことの反省を踏まえ、私たちは今一度「連携」のあり方を真摯に見つめ直す必要はある。同時に、私たちには、あらゆる人びととの連携と、活動への協働を通じて、そこでの出逢いを、多様性や他者への理解に資する相互学習の機会として、地域包括ケアをより発展させる方法を明らかにする責務がある。つまり、より積極的に地域を変えていく、地域包摂や地域改

＊35　著：阿部志郎・編集協力：岸川洋治・河幹夫（2011）『社会福祉の思想と実践』P.93 中央法規

良に連なる地域包括ケアを描いていくことが求められているのだ。このことはソーシャルワークにおいて今もっとも脆弱な「社会変革」を再興するのみならず、ソーシャルワーカーに対して、専門職としての主体性と創造性を付与し、医療等他の専門職に対する対等性を提供する中で、専門職としての矜持をも獲得することに帰結するであろう。この社会環境へ働きかける実践こそが、ソーシャルワークの独自の領域であり真骨頂であるからだ。

　以上のように、ソーシャルワークと地域包括ケアの関係は、ソーシャルワークに準拠した地域包括ケアが、地域変革や地域包摂を射程に収めることができると同時に、この地域包括ケアの実践を経て、ソーシャルワークは社会変革の手懸りを獲得することができる相互性に根差している。これらのことは、別本『実践編』四章以降において事例を用いて仔細に検討していく。

　多職種連携は、地域包括ケアにおける重要な要素であることは間違いないが、その目的は、「利用者からみた『一体的』なケア」を提供することにあるのではない。これは目的の手前にある目標であって、その先に、地域変革や地域包摂、更にその先の社会変革を見据えたものでなければ、その機能を十分に発揮しているとは言い難い。それほどまでに、この地域包括ケアは、その目的と方法を間違わなければ、人びとの権利擁護に、そのための社会構築に多大な貢献を果たす可能性と潜在力を有している。であればこそ、この地域包括ケアは、あらゆるサービスが統合されているという心証を抱かせる「integrated care」ではなく、むしろ、地域包摂や社会包摂を志向するという意味で「inclusive care」という認識のもとで進展させていくべきであろう。

> ●ソーシャルワークの位置づけがなされていないことの弊害
> ── ケアマネジメントとソーシャルワーク

　加えて、本書の出発点としては当然の問題認識ではあるが、ここで、六つ目の問題が浮上してくる。それは、政府の地域包括ケア論には、ソーシ

ャルワークの位置づけが殆ど明示されていないことにある。政府がソーシャルワークを顧みない理由としては、日本においてはソーシャルワークの歴史が相対的に浅いことと、世界的にもソーシャルワークの実践が多岐に渡ることでその仕事が捉えづらいこと、また、これらのことを要因として、社会的地位が確立していないことなどが挙げられる。そして、これらの仕事は、ソーシャルワークの実践家・研究者による専門家組織が中核を担うべきであり、それぞれの団体の姿勢と力量が試される乗り越えるべき障壁でもある。他方、一実践家の領域では、ソーシャルワークに依拠した地域包括ケアの率先垂範を展開しつつ、各地で敷衍していく責務があるであろう。

　ここで述べておきたいことは、地域包括ケアの実践にソーシャルワーカーの配置と役割があらかた明示されていないことのみならず、同様に、地域包括ケアの理論と実践においてもソーシャルワークが大よそ含意されていないことの両者にある。

ソーシャルワーカーの位置づけが希薄

　まず、ソーシャルワーカーの位置づけの問題である。周知の通り、地域包括ケアの中核を担うとされている地域包括支援センターには社会福祉士が配置されている。しかし、逆から見れば、それ以上の存在感は捉えられない。むしろ、医師・看護師・保健師・リハビリテーションの専門職・介護支援専門員・介護福祉士の存在の方が強く感じられる[*36]。特に、要介護高齢者の場合は、介護支援専門員が支援計画を作成する立場にあり、彼らの役割の大きさが際立っている。それもそのはず、日本よりも古くから地域

＊36　2010年の地域包括ケア研究会の報告書では、「地域包括ケアを支える人材の在り方」PP.33-36と「地域包括ケアを支える人材に関する検討部会における提言」PP.46-49の項目では、ソーシャルワーカーや社会福祉士のことには全く触れられていない。地域包括ケア研究会（2010年3月）『地域包括ケア研究会　報告書』三菱UFJリサーチ＆コンサルティング

ケアを展開しているイギリスでは、地域ケアとケアマネジメントは共同歩調で展開されてきており、その流れは、日本へも受け継がれているからだ。[*37]

　もちろん、1970年代にアメリカで創出されたケアマネジメントは、ソーシャルワークの一部であるとされてきた。[*38]これを前提にすれば、介護支援専門員をソーシャルワーカーと認識することもできるだろう。しかし、介護支援専門員の基礎資格の実態を見る限り、ソーシャルワーカーと見なすことのできる社会福祉士と精神保健福祉士の有資格率は合わせて6.9％（社会福祉士6.1％・精神保健福祉士0.8％）に過ぎない。基礎資格で最も多いのは介護福祉士（42.2％）であり、次いで、看護師・准看護師（25.1％）であるというのが現状だ（厚労省：職種別合格者数《第1回〜第18回試験の合計》）。であるならば、大多数の介護支援専門員をソーシャルワーカーと捉えることは難しい。この様な状況下では、地域包括ケアにソーシャルワーカーが位置付けられているとはとても言及できない。むしろ、地域包括ケアの場面で孤立しているのが現状ではなかろうか。

　他方で、以上の議論は、社会福祉士がソーシャルワーカーであることを前提としている。一章で述べた通り、社会福祉士がソーシャルワーカーとは言えない現状は、私たちが第一義的に克服すべき大きな課題である。繰り返しにはなるが、私自身の立場としては、社会福祉士をよりソーシャルワークに近づける流れを創造し、名実相伴うかたちで、社会福祉士すなわちソーシャルワーカーと社会が認識する事態を目指している。詳細は別本

＊37　岡田進一（2011）『ケアマネジメント原論　高齢者と家族に対する相談支援の原理と実践方法』PP.15-17 ワールドプランニング

＊38　村社卓（2011）『ケアマネジメントの実践モデル』P.31 川島書店「理論研究においても、これまでわが国では、ケアマネジメントはソーシャルワーク機能の一部であり（渡部2003）、ソーシャルワークが『個人の「成長・変化」指向をもつアプローチを多様にもっている』（副田2003）のに対して、ケアマネジメントは『ニーズ充足計画実施のために活用するひとつの戦略、方法』（副田2004：27）と理解されてきた。ソーシャルワークはケアマネジメントよりも『幅広い目的』（副田2003）、『幅広い機能』（梅崎2004）を有している、と一般には理解されている」。

『実践編』七章に譲るが、現在はその要件を満たしているとは言い難いものの、将来は、「ソーシャルワーク（専門職）のグローバル定義」などの国際基準に則ったソーシャルワーカーと確(しか)として整合する方向に社会福祉士を導いていくべきという立場をとっている。よって、少なくとも、他の専門職に比べ圧倒的にソーシャルワーカーに近いところにいるのが社会福祉士や精神保健福祉士であると考えている。

ケアマネジメントとソーシャルワーク――ブローカーモデルとソーシャルワークの関係

次にソーシャルワーク機能の敷衍についてであるが、このケアマネジメントとの関係をもとに論及しておく。もちろん、既に検討した通り、地域包括ケアにソーシャルワーカーが位置付けられていない事実をもって、機能としてのソーシャルワークが定着しえないことは自明の理であろう。このことを前提としつつも、地域包括ケアにおいて、現在その実践に多大な影響力を有しているケアマネジメントに焦点を当て、ソーシャルワークとの関係を確認しておきたい。なぜならば、地域包括ケアにソーシャルワークを展開するためには、ソーシャルワーカーの配置促進と同時に、その機能を敷衍することが重要であり、その突破口の一つとして、ケアマネジメントがあると考えているからだ。

先ほど、ケアマネジメントはソーシャルワークの一部であると述べた。ここでは逆に、ソーシャルワークとケアマネジメントの相違点も明らかにしておく（図3-2）。まず、ケアマネジメントにはその創設時から意図されてきたこととして費用抑制の機能が含意されている。これは欧米の地域ケアおよび政府の示す地域包括ケアの目的と明らかに一致している。これが、地域ケア・地域包括ケアが、ケアマネジメントと共同歩調で進展してきた一つの理由であろう。一方で、ソーシャルワークは費用抑制のために存在しているわけではない。ソーシャルワークの目的は、単純に、社会正義と権利擁護に依拠した人びとのエンパワーメントと社会の変革を実現することにある。つまり、その目的のためには、積極的な財政支出を要求するこ

とも私たちの仕事であるわけだ。金子努はこの点を以下のように指摘している。

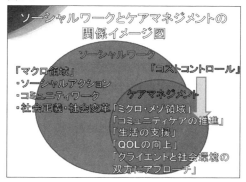
図3-2

「ここでケアマネジメントがソーシャルワークと異なる点を挙げるなら、ケアマネジメントが財政事情を背景に限られた社会資源をいかに効率的、効果的に利用者へ提供していくのかといったところから導入されていることで、そのことが結果として利用者本位のサービス提供と相反する危険をはらんでいる点である[*39]」。

加えて、イアン=ファーガスンは、さらに率直にこの問題を指摘する。

「皮肉なことに、1970年代の批判から30年が経ち、コミュニティワークのような心理・社会的なケースワークによるソーシャルワーク実践の優位性は、1990年代初頭よりアメリカから入ってきたケアマネジメントによって失墜させられた。ケアマネジメントは、ソーシャルワークに市場の力を導入するために推奨された手段でもあった[*40]」。

以上の観点が、ケアマネジメントとソーシャルワークの大きな相違点である。よって、本章で私が、政府の財政抑制論に警鐘をならしたのは、このソーシャルワークの目的と照らした上でのことだということになる。か

---

*39　金子努（2004）『高齢者ケア改革とソーシャルワークⅡ』P.8　kumi
*40　イアン=ファーガスン（2012）『ソーシャルワークの復権　新自由主義への挑戦と社会正義の確立』（石倉康次・市井吉興監訳）P.41 クリエイツかもがわ

くて、費用抑制を強調すればするほど、地域包括ケアとケアマネジメントは、ソーシャルワークから乖離することになる。この点が一つ、地域包括ケアの領域にソーシャルワークが浸透しない根拠として挙げられる。

　加えて、ソーシャルワークの一部として位置付けられ、かつ、この地域包括ケアに多大な影響を及ぼしているケアマネジメントの実態に、ソーシャルワークの機能が含意されていないことの問題を指摘しておく。日本のケアマネジメントの中心においては、すなわち、圧倒的多数の介護支援専門員が従事している居宅介護支援事業所におけるケアマネジメントの中核にはブローカーモデルが位置付けられている。[*41]

　岡田進一によれば、このブローカーモデル（仲介型モデル）は、ケアマネジメントの原初的で基本的なモデルであり、サービス機関間での調整によって、サービス利用者のニーズと地域の資源を結びつけることがケアマネジャーの主な機能となるとされている。[*42]「仲介型」という名の通り、人びとのニーズと社会資源を調整して繋ぐことに焦点を当てたモデルであり、人びとと社会資源に対して積極的な変容を迫るといった介入を必要としない事例に有効な形態であるといえるだろう。

　このブローカーモデルが、地域包括ケアの現場では伸張している。村社卓の研究によれば、介護保険下のケアマネジメントには次のような特徴が明らかとされている。

「介護保険制度下でのケアマネジメントの特性とは、『調整・仲介機能を特化させた給付管理業務』である。わが国におけるケアマネジメント機能は、既存サービスの優先的な活用が求められ、ソーシャルワークと比

＊41　162,851名の介護支援専門員・従業者数の内、95,665名が居宅介護支援事業所に所属している。「ケアマネジメントのあり方（参考資料）」社会保障審議会　介護保険部会（第57回）参考資料3　P.17　2016年4月22日

＊42　岡田進一（2011）『ケアマネジメント原論　高齢者と家族に対する相談支援の原理と実践方法』P.21 ワールドプランニング

較して総合的なアセスメントが規制され、介護支援専門員の所属する事業所でも収益化の動きが推進されている。そのため、介護支援専門員の評価は結果重視となり、その結果サービスの『調整・仲介』へと機能の焦点化が生じている。一方、不正の取り締まりや業務の標準化に伴う制度適用の遵守は、『給付管理』業務において重要な位置を占めている」。[*43]

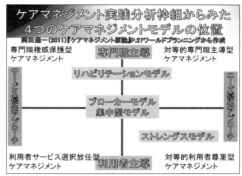

図3-3

 以上に示すものは典型的なブローカーモデルであり、これらは、人びとのエンパワーメントと社会環境の変革を度外視している点において、「ソーシャルワークの一部」というよりも、却って、ソーシャルワークを極端に矮小化した存在として受け止めることができる。端的に言うと、ブローカーモデルは、ソーシャルワークとは距離のある関係だといえるだろう。一方で、一章での展開との関連でいえば、介護の市場化が、このブローカーモデルを促進する一つの要因として論じられている点は非常に興味深い。

 また、このブローカーモデルは、岡田進一のマトリックスによれば、全体のバランスを取る位置に置かれている(図3-3)。ケアマネジメントには、図3-3で示されている以外にも様々なモデルが開発されているが、これらは、言及するまでもなく、それぞれのモデルを比較してどのモデルが優れているのかを争うためのものではない。「人びと」の内部の状態と、置かれている環境のあり方に応じて、「人びと」とケアマネジャーが有効なモデルを選定するためにあるものだ。よって、ケアマネジャーには、事例に応じ

*43 村社卓(2011)『ケアマネジメントの実践モデル』P.170 川島書店

第三章 ソーシャルワークからみる地域包括ケア

て適切なモデルを使い分ける知識と技術が要求される。逆説的に言えば、ブローカーモデルは、万能なモデルではないし、すべての人びとに有効なモデルとは言えない。であるにも拘わらず、地域包括ケアの現場では、このブローカーモデルが極端に伸張した実態がある。ここにケアマネジメントの課題がみられるし、このソーシャルワークと近似性の低いモデルが敷衍することによって、ケアマネジメントにソーシャルワークが内含されにくい事態の一部根幹を捉えることができる。

ソーシャルワークと近似性の高いストレングスモデル──社会資源を変革の対象と捉える

これらモデルのなかで、ソーシャルワークに最も近似性の高いものはストレングスモデルである。「利用者主導」で「ニーズ優先アプローチ」の実践は、人びとのエンパワーメントのために社会を変革するソーシャルワークの展開と整合するものだからだ。ストレングスモデルを私は以下のように定義している。

> 「人びとの弱み（ウィークネス）にのみ着眼するのではなく、強み（ストレングス）にも着眼するケアマネジメントの一つのモデルであり、人びとの持っている強み（意欲・嗜好・こだわり・習慣・抱負・希望・夢等）のみではなく、環境の持つ強み（地域や家族との関係性や社会資源等）を同時に引き出し、人びとの自己決定の促進と自己実現を目指すものである」[44]。

このストレングスへの着眼について、村社にも次のような言及がある。「ストレングス視点は、決して目新しいものではない。ソーシャルワークがこれまで言い続けてきた援助観、人間観である」[45]。ソーシャルワークの中核的な使命といえる人びとの権利擁護を鑑みれば、ソーシャルワークと

＊44　中島康晴（2014）『よくわかる地域包括ケアの理論と実践──社会資源活用術』P.98 日本医療企画。本書では、この定義を一部改変した。
＊45　村社卓（2011）『ケアマネジメントの実践モデル』P.32 川島書店

このストレングスモデルの近似性は明らかとなる。権利擁護には大きく次の3つの要素が含意されると私は考える。①権利侵害を防止する。②自己決定を支援する。③ ①②を実現するために社会環境を変革する。①と②は、ケアワークの分野でも、例えば、パーソンセンタードケアという概念において主張されているものだ。しかしながら、パーソンセンタードケアには、③のくだりが見当たらない。誰かの支援を利用しなければ、自らの暮らしの困難を克服できない人びとの①と②を実現するためには、その周囲の社会環境を改善することは必要不可欠であり、自明のことであるにも拘わらず、である。ここに、私はケアワークの限界点を見据えている。

　話を戻すと、この権利擁護の定義によれば、まさに、「利用者主導」で「ニーズ優先アプローチ」そのものであることが理解できる。「利用者主導」においては、本人の問題を解決するのは本人であり、支援者はその側面的支援を基盤にすえるソーシャルワークの基本的姿勢と整合している。また、「ニーズ優先アプローチ」では、一人の人間の自己決定を中心に、周囲の社会資源を調整することが求められ、結果として、それは社会変革に帰結することになる。

　翻って、図3-3で対極にある「サービス優先アプローチ」では、既存にあるサービスの範囲内で、人びとのニーズに応えることを志向しやすく、結果として、ニーズを既存のサービスに当てはめることや、社会資源に対して変容を促進することなく、把握や理解にとどまった実践に終始する傾向が生まれやすくなる。つまり、「サービス優先アプローチ」では、社会資源を把握することへ、「ニーズ優先アプローチ」では、社会資源を発掘・改善・創出すること、すなわち、社会環境の変革へと連なることを示唆している。以上のように整理すれば、ストレングスモデルはソーシャルワークにより近い形態であることが理解できるはずだ。

　もちろん、ここで、すべての人びとにストレングスモデルを用いたほうが良いと提案しているのではない。ストレングスモデルを用いる必要のない事例もあるだろう。例えば、人びとと社会資源の積極的な変容促進の必要のない事例においては、ブローカーモデルで対応すべきである。しかし、

ブローカーモデルでは、人びとの権利擁護の実現が困難な事例のあることは周知の事実であり、その際には、異なるモデルを選択・実践することが求められている。中でも、既存の社会資源では、人びとのニーズに応えることができない場合、私たちは、社会資源の連携を図ったり、そのあり方を変容することや、創造することを視野に収めた実践を展開すべきであろう。そしてこのような事例に対応していくことこそが、人びとの個別性を尊重した支援を伸張させるがゆえに、現下の社会が地域包括ケアを求めている大きな理由としてあるといえる。この様にいま求められている地域包括ケアは、地域を基盤に人びとの尊厳を保持する取り組みである。

　しかし、先の村社の指摘にあるように、現実的にはこのストレングスモデルは浸透していないと考えられる。私自身も、広島県内の地域包括支援センターと居宅介護支援事業所、小規模多機能型居宅介護事業所のケアマネジャーを対象に2012年10月中旬～11月中旬に質問紙調査を実施したことがある（回収率26.8％）[*46]。この3つの事業所に着眼した理由は、これらの事業形態が、在宅におけるケアマネジメントを担っているからだ。その結果、「ストレングスモデルに関心がある」と答えたケアマネジャーは全体の80％（内「強く持っている」21.2％・「少し持っている」51.8％）いたにもかかわらず、「ストレングスモデルを意図した実践を行っている」と答えたケアマネジャーは52％に過ぎなかった。この結果を見ても、現下のケアマネジメントにソーシャルワークの機能が根付いていないことがわかるだろう。

　以上みてきたように、政府の誘導してきた地域包括ケアとケアマネジメントには、ソーシャルワークの機能が含意されていないがために、人びとの権利擁護に対する役割を十分に果たし切れていないことが確認できる。そもそも、地域包括ケアとケアマネジメントが、費用抑制に傾注すればす

＊46　郵送調査においては、広島県内1108事業所に対して質問紙票の送付を行った。回答事業所数は、297事業所であり回収率は26.81％であった。事業所種別に見れば、包括35事業所（回収率21.34％）・居宅222事業所（回収率28.10％）・小規模32事業所（回収率20.78％）となっている。

るほど、ソーシャルワーカーとの乖離が顕著となるはずだ。

　また、地域包括ケアは、個別支援であるケアと地域支援であるまちづくりの有機的複合概念として捉える以上、そこには、個人の暮らしと地域社会を一体的に射程におさめた実践が不可欠となる。この領域はまさに、ソーシャルワーク特有の範疇であり、であるがゆえに、地域包括ケアの中核的な機能としてはソーシャルワークの位置づけが希求される。逆説的に言えば、現下の地域包括ケアが進展しない大きな理由の一つは、そこにソーシャルワークの位置づけが希釈されていることに起因しているといえるであろう。人びとの個別性の尊重を果たし、その権利擁護を敷衍していくためにも、地域包括ケアとケアマネジメントにソーシャルワークの機能を確然と位置付けていく必要がある。

●地域に「ひらく」ことによって進展する共生ケア
　――「我が事・丸ごと」の可能性と危険性

　7つ目の指摘としては、地域包括ケアがその対象を高齢者に限定していることが挙げられる。地域包括ケアのいうところの5つのサービスを見れば、それが要支援・要介護高齢者を想定していることは明らかである。そして、2006年に創設された地域包括支援センターもその対象を専ら高齢者に限定している。自治体によっては、地域包括支援センターの名称が住民に分かりにくいという理由で、「高齢者相談センター」という看板をわざわざ掲げているところもあるほどだ。

　では、高齢者ケアと地域包括ケアの違いはどこにあるのだろうか。一つは、地域包括ケアの特徴が、施設・事業所の中で完結するケアではなく、地域の中で展開されるケアであること、そして、今一つは、対象者を限定しないこと、少なくとも焦点化しすぎないことが指摘できよう。2015年9月に社会福祉サービスに関わる厚労省の部局幹部で構成するプロジェクトチームによってまとめられた「新たな時代に対応した福祉の提供ビジョン」

（以下「新福祉ビジョン」）や、2016年7月に「我が事・丸ごと」地域共生社会実現本部（本部長は厚生労働大臣）（以下「我が事・丸ごと」）は、制度横断的で包括的な対象者を想定するものであり、この欠点を克服する契機となりうるとの期待が寄せられている。他方、人びとの権利擁護の視座から見れば、この「新福祉ビジョン」や「我が事・丸ごと」は、その視点を毀損してしまいかねない危うさを内含しているのも事実である。この点は、あとで触れることにするが、まずは、地域包括ケアと対象者を限定しない（焦点化しすぎない）いわゆる共生ケア（介護）の関係について実践領域を基盤に据えつつ論及しておく。

対象者をひらくことの利点

　一つは、地域包括ケアにとって、対象者をよりひらいていくことの利点はもちろんある。一章で述べたように、多様な人びととの対話や直接的な関わりが、地域に多様性・互酬性・信頼性を醸成するならば、要介護高齢者とその家族といった特定の人びとのみとの関わりは、これら成果に対する推進力として不十分であることが考えられる。共生ケアは、この不備を補強する役割を担いうるところに地域包括ケアにとっての利点があるのだ。

　地域には多様な人びとが暮らしており、その抱える困難も実に様々である。この困難を仕分けし、対象者を焦点化するのではなく、むしろ、より対象の幅を広げることによって、私たちは、多様なニーズと人びととの接点を手に入れることができる。また、私たちは、このような広範な人びとと繋がるとともに、多様な人びと同士を結び付けることもできるようになるだろう。この様に、対象者をひろげていくことの利点としては、私たちが多様な人びとと繋がると同時に、様々な立場にある人びと同士の関係を構築することが挙げられる。対象者をひらいていくことの重要性は、次章でも改めて触れるが、地域の中で、互酬性・信頼性に裏打ちされた関係を構築するために不可欠な要素であると私は認識している。

共生ケアが、コミュニティの中に新たな閉鎖的コミュニティをつくる危険性

　二つ目に、翻って、共生ケアは、地域包括ケアを意図しなければ、多様な困難を有する人びとを対象とした「隔離ケア」と化してしまう点に注意を喚起しておきたい。共生ケアの視座によれば、私たちは、対象者を限定しないことによって、年齢・性別・疾患・障害の種別如何によらない人びとを支援の対象として捉えていくことになる。他方、この対象者は、何らかの支援を必要としている点に共通項がある。つまり、敢えて単純化すれば「社会的弱者」にあたる人びとであるといえるだろう。共生ケアは、瞥見すれば、その対象者をひろげているがゆえに、それだけで、地域にひらかれた展開であるかのように捉えられがちだが、実は、そうではない事例も散見する。つまり、地域の「社会的弱者」を「事業者」が一手に引き受け、既にある地域とは別の、「弱者」による支え合いの場という新たなコミュニティをつくってしまう恐れがあるのだ。

　共生ケアでは、「弱者」が「弱者」を支える構図がよく見受けられるが、支え合いの本質は、「弱者」同士が支え合うことはもちろんだが、「弱者」と「強者」による相互の支え合いも含まれているはずだ。いや、むしろ後者のほうが、一章から叙述している地域住民間における多様性の相互理解の構築においてその期待が持てるだろう。よって、私たちは、対象者をよりひらいていきながらも、一方で、対象者と地域とのつながりを同時にしっかりと担保していかなければならない。でなければ、多様な「社会的弱者」の支援をもって多様性の尊重を実践しているという錯覚を起こしたり、様々な「社会的弱者」だけを集めた閉鎖的な空間を地域の中に創造してしまいかねないだろう。

　繰りかえすが、真の多様性とは、そこで暮らす全ての人びとのことを指すがゆえに、私たちの支援を必要とする人びとはもちろん、その「人びと」とは立場の異なる「強者」や、さらに言えば、「人びと」を排除しようとする人びとをも含んだものであるべきだ。その多様な人びとが対話を行い直接かかわり合うことを経由して、人びとは相互に学習を重ねて、それが、

地域における多様性の創出へと帰結するのである。

専門性の共有・統合化がソーシャルワークを毀損する

　最後に、この共生ケアの実践を、誰が、どこまでの範囲で支援を担当するのかが不明瞭な点に問題を捉えてみたい。つまり、その専門性の範囲と労力の問題が整理されていないことが実践の障壁になると考えているのだ。目下政府の検討している「新福祉ビジョン」や「我が事・丸ごと」では、「サービス・専門人材の丸ごと化」をはかるために、「公的福祉サービスの総合化・包括化（基準該当サービスの改善、共生型の報酬・基準の整備）」や「専門人材のキャリアパスの複線化（医療・福祉資格に共通の基礎課程の創設、資格所持による履修期間の短縮、複数資格間の単位認定の拡大）」などが想定されている。つまり、支援の対象者を、「全世代・全対象に発展・拡大させ」、看護職・介護職・保育士・社会福祉士などの医療と社会福祉の専門職を対象に、対象者の年齢や障害等の種別によらない共通の基礎資格を創設することなどが議論の俎上に載せられている。

　言わずもがな、専門性とは、端的に捉えても価値・知識・技術の総体である。この価値・知識・技術の共通基盤として、これら専門職から抽出できるものはほとんど無いか、ごくわずかであろう。特に、医療と社会福祉の共通基盤は、価値を中核として、ほとんど見当たらない。万が一、これらの共通基盤を見い出して、基礎資格をつくるとすれば、それは、極端に基礎的な階層においてでしか認識することはできないだろう。つまり、かなり基礎的なコミュニケーションの方法や記録の書き方などが想定される。しかし、たとえ、このような基礎的な領域であったとしても、専門性の価値が異なれば、実践における捉え方はやはり変わってしまう。よって、私は、上記の専門職の共通基盤をつくることはできないし、そのようなことを目指すべきでもないと考える。逆説的に言えば、「守備範囲」の限界があるからこそ、自らの限界を認識しているからこそ私たちは専門職といえるのであり、仮に、そうでないならば、私たちのことを誰も専門職と認め

てはくれないだろう。

　以上の述べてきたように、もし、共通基盤を抽出して基礎資格を確立するならば、現在ある諸資格の更に下の階層に資格を設けることになる。そもそも、上記の諸資格は、その位置づけとしては、資格を保持することが目的ではなく、資格保有は専門性を高めるための入り口にあたると解釈されてきたはずだ。であるならば、人びとの権利擁護に資するために私たちが専門性を高めるためには、今ある資格や専門性の下層を開拓するのではなく、例えば、「認定上級社会福祉士」や「認定社会福祉士」などのより高い専門性を志向したものを創出していく必要性が生じてくる。政府の示す「新福祉ビジョン」や「我が事・丸ごと」では、理論的にも実践的にもあり得ない専門職の統合を目指すと同時に、専門性の低下を促進するきらいがあるのである。

　では、政府の真の狙いはどこにあるのだろうか。「新たな福祉サービスのシステム等のあり方検討プロジェクトチーム」の提言には以下のくだりがある。

　「人口減少が進み、一層人材の確保が難しくなる一方で、全世代・全対象型地域包括支援を確立するために、これまで以上に充実したサービスを提供し続けることが求められる。こうした二つの命題を満たし、福祉を持続可能なものとするためには、人材の生産性を向上させることと、効率的なサービス提供体制の構築が不可欠である。このため、生産性の向上や業務の効率化を図り、少ない人数でのサービス提供が可能となるような、これからも続く人口減少社会においても持続可能な、将来を見据えた福祉サービスのあり方を検討する」。[*47]

[*47] 厚労省・新たな福祉サービスのシステム等のあり方検討プロジェクトチーム（2015年9月17日）「誰もが支え合う地域の構築に向けた福祉サービスの実現──新たな時代に対応した福祉の提供ビジョン──」PP.3-4

つまり、あらゆる対象者に対応できる専門職を養成することが、専門職確保と配置、育成の効率性に資することがその目的であるようだ。確かにある特定の対象者しか対応ができない専門職は、対象者の増減によって"非効率"を生みだすだろう。幅広い対象者に対応できる専門職を養成すればサービス提供の"重複"や"無駄"を省けるかもしれない。同じ専門職が、状況に応じて、ある時は児童を対象に、ある時は、高齢者、またある時は、障害者といった具合に対応できるのだから。

　しかし、これではサービスの質向上につながらないことは明白である。今ある専門職の下に、新しい専門職をつくることで、専門性は確実な低下をみるであろう。加えて危惧するべきことは、専門性の混乱が生じる恐れにある。つまり、基礎的な価値・知識・技術が異なるものを混同すれば、今まで積み上げてきた体系の根幹が揺さぶられかねない。さらに言えば、揺さぶられるべき対象は、医療職のほうではなく、社会福祉職である。なぜならば、医療のほうが歴史が長く、体系が強固であると同時に、人びとの体の内部の問題を主として取り上げるケアの領域においては、そこだけに焦点化した場合、人間の欲求段階のより基盤をなす生命の維持・進展に携わる専門職のほうが優先されることが予見されるからだ。

　いみじくも、1997年以降のイギリスにおける「組織の一体化」「サービスの統合」への潮流に対するイアン＝ファーガスンによる以下の指摘はこのことを十分に予見させてくれる。

「しかし、統合と共同には否定的な側面もある。実際には、保健に基盤を置いた専門職のような強力な専門職や諸機関が、ソーシャルワークやボランティア部門の組織のようにあまり組織化されていなかったり、あまり知られていない専門職や諸機関を犠牲にして、支配的になる傾向がある。さらには（中略）、専門職としての脆弱なアイデンティティと相まった組織的な基盤の喪失が、ソーシャルワークのような専門職を事実上

の消失に導いてしまうこともある」[*48]。

　この様に「新福祉ビジョン」や「我が事・丸ごと」は、社会福祉専門職の専門性を大きく混乱させ、減退させる"成果"を上げることになるだろう。
　以上みてきたように、いわゆる効率性と費用抑制の観点から共生ケアを捉えると大きな禍根を残すことになる。また、専門職の専門性の低下、特に社会福祉専門職のそれが特に予測されると同時に、それはそのまま人びとに対するサービスの質の低下、すなわち権利擁護の減退へと連なると断定できる。
　ここで確認しておくべきことは、この「新福祉ビジョン」や「我が事・丸ごと」も、社会福祉基礎構造改革以降の流れをくむものであり、この点に十分な警戒をしておかなければ、ソーシャルワーカーがその流れに加担してしまうことになりかねないということにある。すなわち、人びとの権利擁護に資するはずのソーシャルワーカーがその逆機能を起こしてしまう恐れがあるのだ。

主たる対象者の設定と外部連携に基づく共生ケア──「地域の絆」における共生ケア

　もちろん、共生ケアの観点は、人びとの権利擁護において意味あるものなので、以上の点に十分に留意しながらも、それを有効に活用することが私たちには求められている。私の考え、そして私たち「地域の絆」の共生ケアの展開は、次のようなものだ（図3-4）。
　まず、支援の対象者は、もちろん、ひらいていくのだが、主たる対象者を定めている。「地域の絆」の主たる対象者は、介護を必要とする高齢者と位置づけている。この「要介護高齢者」の権利擁護を中核に据えつつ、それ以外の対象者にも地域のニーズに応じて実践の範囲を広げていくところに一つの特徴がある。「中核に据える」ということは、「要介護高齢者」に対するサービスの質向上を第一義とするということであり、このことの阻害

＊48　イアン＝ファーガスン（2012）『ソーシャルワークの復権　新自由主義への挑戦と社会正義の確立』（石倉康次・市井吉興監訳）PP.85-86クリエイツかもがわ

図3-4

要因にならない範囲で、いや、このサービスの質の向上に連なることを前提に対象者をひらいているのである。

ここで、対象者をひらくことによって、労力が増し、それが、"中心となる仕事"の阻害要因となる可能性があることは想像に難しくないだろうが、それがサービスの質を高めることに繋がるという主張には若干の説明を要するだろう。対象者をひらくことで、その対象者及びその関係者の幅が広がるために、「要介護高齢者」にとっても多様な関係が用意されることになり、その分、居場所や役割の創出の機会へとそれが連なることが大きな理由となる。事業所や施設の中で閉ざされた職員と「人びと」に限定された関係を脱し、多様な人びとによる様々な関係の中でこそ、「人びと」は、自らの強みを生かした活動や役割を担うことができるようになるのである。このことは、次章で具体的な事例を交えて説明していく。

よって、対象者はひらいていくのだが、その範囲は、主たる対象者のサービスの質の担保がなされる範囲と限定していることが一つの特徴であるといえる。主たる対象者を定めることは、人びとの個別支援を行う組織においては不可欠な決まり事であると私は考えている。なぜならば、対象者によって特定の、より深化していくべき専門領域が既に存在するからである。

例えば、認知症のある人の支援を考えてみればいい。そこでは、認知症を引き起こしている疾病や、行動・心理・社会関係の理解や、その特徴を

踏まえた支援の方法を体得することが求められる。これを対象領域ごとに全ての理解を進めていくことはもはや不可能である。認知症のある人に対するスペシフィックな支援だけでも皆専門職は生涯をかけて取り組んでいるのだからそれは当然であろう。

では、どのようにして主たる対象者以外の人びとと私たちは向き合うべきであろうか。それは、社会福祉実践家として、ソーシャルワーカーとしての共通基盤を用いて対応することになる。いわゆるジェネラリストソーシャルワークの領域で対処できる範囲で対応するというのが「地域の絆」における共生ケアの原点といえる。私たちのように主たる対象者を「要介護高齢者」と定めている組織において、例えば、発達障害の領域をより専門的に職員が学んでいくことは現実的ではない。そこで、他の特定の領域に踏みこむことは敢えて行わず、ジェネラルな範囲で対応することにした。より大切なことは、ジェネラルな範囲で対応できない人びとをどうするのかということにある。それはもちろん、その対象者を専門としている他の組織との連携のもとで対応していくのである。要するに、「地域の絆」の共生ケアの特徴は、過度な「抱え込み」を忌避した支援であり、外部との連携を発展させることで進展していく支援であるといえるのだ。

よって、「地域の絆」の共生ケアの特徴としては、①主たる対象者のサービスの質が担保される範囲で対象者をひらくこと、②ソーシャルワーカーの共通基盤の範囲で対応し、そこで対応できない対象者は、その道のスペシャリストの所属する組織と連携の上対応することが挙げられる。先ほど論じた地域に「ひらいて」こそ、この共生ケアはその強みを発揮するのである。

他方、「地域の絆」の実践の基盤は個別支援にあるため、地域支援を基盤とする組織の場合は異なる方法を検討する余地があるだろう。しかし、いずれにしても、専門性をひらいていくことには限界があり、これを広げれば広げるほど、専門職としてのアイデンティティは喪失の脅威にさらされることになる。そして、そこで不利益をもこうむるのはまさに「人びと」

である。であるならば、政府の示す「新福祉ビジョン」や「我が事・丸ごと」は、その目的が費用抑制であることが明らかであるように、様々な問題を内包しており、画餅に帰す可能性が極めて高いだろう。

そもそも、社会福祉の分野において、政府が住民の「我が事」を強調すること自体に重大な瑕疵があると考えるのは私だけであろうか。他方で、「新福祉ビジョン」と「我が事・丸ごと」は、用い方によっては、人びとの権利擁護や地域包摂への貢献を果たす可能性があり、その全てを拒否するのも間違いである。むしろ、一部を改変・援用して、人びとの権利擁護に資するものへと進化させることもソーシャルワークの一つの機能であろう。

●地域包摂・地域変革に資する地域包括ケア

本章では、政府の定義する地域包括ケアを7つの観点から批判的に検討を重ねてきた。改めて7つの課題を整理しておく。

①地域特性の捉え方の希釈。
②システム論の伸張による実践の不明瞭さ。
③政府が措定した定義の強調と各地域の実践堆積による定義の脆弱さ。
④序列化された公助・共助・互助・自助による弊害と4助の責任・役割の範囲の曖昧さ。
⑤多職種連携の重視とまちづくりの軽視。
⑥ソーシャルワークの役割・機能の不在。
⑦共生ケアの視点と理念の退行。

これら政府の推し進めている地域包括ケアの課題は、裏を返せば、そのまま私たちの目指すべき地域包括ケアの表明へとつながる。

まず、①基礎自治体の中にあるさらに小さな地域特性を尊重し、②その

地域における創造性・独自性に依拠した実践を促進し、③それら実践の蓄積をもって実践家によって再定義をすることが重要であること。また、そこでは、実践家による理論構築力が求められている。そして、そこに、④本来政府と自治体が担うべき生存保障と生活保障の領域を、住民相互の支え合いに押し付けるのではなく、政府と自治体はその責務を果たしつつ、その暮らしの質をより高めていくために住民相互の支え合いを進展させていく。この「住民相互の支え合い」では、⑤多職種連携に終始するのではなく、多様な住民の参加による地域包括ケア・まちづくりが不可欠であり、それを促進していく役割をソーシャルワーカーが担っていかなければならない。⑥この地域を改良し、創出していく展開と、地域における個別支援を共同歩調で進めていくためにはソーシャルワークの役割と機能が不可欠である。さらに言えば、⑦暮らしに困難のあるすべての人びとを対象とした実践を行うことで、多様な他者間の出逢いと対話の場を創出することができ、地域に多様性と信頼性を醸成することが可能となる。他方、この対象者を限定しないケア（共生ケア）の実践には、それが却って地域内に閉鎖的なコミュニティを創出してしまうことや、専門職およびその所属機関の「囲い込み」へと進展し、費用抑制にのみ貢献する結果となりかねないため注視が必要である。

　上記の中で最も重要で、多くの専門職に認識されていないという意味で新しい観点は、地域包括ケアが、地域包摂や地域変革に連なってくるという確信にある。地域包括ケアは、支援の効率性を追求するための多職種連携や、公助の代わりに「互助」・「自助」を強化し費用抑制をはかるものではなく、今までこの領域に無関心であった多様な人びとに参加を促すことで、地域に多様性・信頼性・互酬性を創造していく地域包摂の過程であると認識すべきなのだ。実践の方法によっては、地域包括ケアにはこの様な素晴らしい成果が見込めるのである。

　この一点のみにおいて、私は政府が推し進めようとする地域包括ケアを私なりに支持していきたいと思っている。もちろん、本章で述べた通り課

題が山積したものだとの認識を強く持つが、それをもってすべてを反故にすれば、この一つの重大な可能性さえも喪失してしまうことになる。新自由主義は確かに人びとの尊厳を、そして、その自由さえも毀損する。ソーシャルワーカーとして当然賛同できない概念であり思想である。

しかし、この強固に築き上げられた社会構造を前に、このピンチをいかにチャンスに変えていくべきなのか、戦略的な展望も持たなければならない。社会的連帯や共同性が喪失された今だからこそ、いま再びその復興が人びとに希求されつつある。統制や集積力の強すぎた過去の共同体・連帯のあり方ではない、多様性と信頼性、互酬性に根差したひとり一人の尊厳が保持される地域社会を復興する機会をわれわれは得たのである。

この機会を生かしていけるのか、その如何が、地域包括ケアの成否はもとより、これからのソーシャルワークの分岐点となる。なぜならば、地域変革の積み重ねは必ずや社会変革へと連なっていく。よって、地域変革は、まさに、社会変革の出発点でありとば口であるといえる。この入口がなぜ重要であるのかは、一章から論じている通り、社会変革こそがこれからのソーシャルワークの生命線となるからだ。ソーシャルワークに社会変革への道筋をひらいていくことこそが、私たちの世代に課せられた第一義的使命なのである。そして、すべてのソーシャルワークに関係するであろう社会変革とは、すなわち地域変革であることはいうまでもない。地域を基盤としないソーシャルワークは元来存在しないと考えれば自明の理といえよう。そして、地域を「ひらいて」いくことに、地域包括ケアは大いに貢献するであろう。

もちろん、岡村重夫と阿部志郎もこの点に着眼してはいた。しかしながら、そこには、これが社会変革につながる重要な実践であること、そして、その方法論に対する言及をみることができなかった。本書では、一章から本章までの間で、この社会変革に対する認識は深められたと思う。別本『実践編』四章からは、次にあるこの方途について実践事例を交えて論じていくことにする。

あとがき

　本書は当初一冊の本を想定して書き上げたものである。ところが、執筆中かなり熱が入ってしまい予定の紙幅を遥かに超過してしまった。本来であれば、当初の紙幅に収めるようその後多くを割愛すべきであったが、批評社のスタッフのご好意もあり二冊に別けて刊行することができた。当時強くは意識していなかったのだが、「理論編」と「実践編」の名目で分けてみると丁度同等の分量に両分することができた。

　実は、2014年に刊行した前著『よくわかる地域包括ケアの理論と実践——社会資源活用術』（日本医療企画）の題目も「理論と実践」だった。現在大学の博士課程に在籍し、非常勤として7年ほど大学とも関わりを持っていたが、私は紛れもない実践家である。その実践家が、理論を語るのは如何なものか？　ある人から言われたことがあった。理論を語るのは、実践家ではなく、研究者ではないのか、と。

　果たしてそうだろうか。理論と実践の懸隔がなお歴然として置かれている社会福祉の領域であればこそ、理論と実践を同時に扱う書が、世にあっても良いのではないかと私は考える。

　真田是は、社会福祉の現実的な課題解決への追及が、実践上のことであり、それが、社会福祉の学問上の課題とは異なるとする意見が研究者の側にあることに対して、次の二つの点を理由に反駁している。「第一に、学問の対象としての社会福祉も、研究者の観念の中で勝手にこねあげたようなものでは決してなく、社会的・現実的に存在する社会福祉にほかならない」こと、「第二に、現実の対象が解決を求めている課題を明らかにし解決方針

を提示するのは学問の範囲外のことなどでは決してない」こと。*1 これは1979年の論文であるが、私は未だに研究者の側に実践への無理解があり、実践家の側にも理論の不在が続いていると実感している。研究者には、実践におけるジレンマや具体的苦悩が共有されていない感があり、実践家の方にも、自らの実践の言語化や理論化が殆ど進んでいないように思える。また、昨今の「ソーシャルワーク（専門職）のグローバル定義」においても、ソーシャルワークは、「専門職であり学問である」と明文化された。これは、理論と実践の乖離があったことへの反省から来ている表現ではないかと私はつい勘繰ってしまう。

　私は実践家なので優れた研究者の育成方法は知り得ない。ただ、私の周囲にいる卓越した研究者は、例外を認めず、全国を駆け巡りつつ現場に足を運んでいる人たちだ。他方で、優れた実践家の成長過程に不可欠なのが、言語化であり、理論化の作業・鍛錬であることの確証は得ている。時として、言語化・理論化などできなくても、良い実践ができていればよいと屁理屈をこねる実践家にも遭遇するが、実践家が自らの実践を省察・言語化することで、実践の根拠や意義を仲間と議論することができ、延いては、新たな実践への可能性をひらいて行けるのだから、これらの営みは実践家の進展に不可欠なものと言える。そもそも、パウロ＝フレイレのいうように、「実践とは世界を変えようとする人間の行動と省察のことをいう」わけだから、これは至極当然のことであろう。*2 実践には、絶えず省察が伴っていなければならない。

　理論は研究者だけのものではないし、実践は実践家だけのものではない。いや、そもそも、そのように分断すべきでもない。この理論と実践の相互作用・学習を促進していくことが、社会福祉の増進に連なるであろうし、人びとの権利擁護へと帰結するはずだ。そのためには、少なくとも私たち

＊1　真田是（1979）「序」編著：真田是『戦後日本社会福祉論争』P.4 法律文化社
＊2　パウロ＝フレイレ（2011）『新訳　被抑圧者の教育学』（三砂ちづる訳）P.38 亜紀書房

実践家が、理論構築力を高めることで、研究者との議論への参加を果たす必要がある。また、研究者には、その主張から学び取るべき姿勢が欠かせない。言い忘れたが、私の周囲にいる卓越した研究者は皆、いつも私の話に心から耳を傾けてくれるという共通項があった。

　本書は、実践家が記した理論の書であり、研究者からすれば物足りない面も見られるかもしれない。しかし、特に社会福祉領域においては、実践家が堂々と理論を展開している書は然程多くはないだろう。その意味において、本書には、一定の稀少価値があると勝手に思い込んでいる。しかし、最大の狙いは、多くの実践家に対して、実践家が理論に口出しすることを鼓舞することにある。実践家が、自らの実践を言語化し、省察を重ね、理論を組み立てていく。そして、巷間にそれを発信していくことの重要性を実践家たちに敷衍していきたいのだ。多くの実践家が、理論を創造し、多くの理論を世に問うていく。この様な展開が普遍化すれば、若い人たちの社会福祉実践に対する憧憬は飛躍的に高まるだろう。

　ソーシャルワーカーによる社会変革も、実践家による理論構築も、容易に解を求めることのできない遠大な挑戦なのかも知れない。しかし、これからの若いソーシャルワーカーたちには是非とも乗り越えてもらいたい関門である。本書が、その駆動力の一部となることを願ってやまない。

著者略歴

●**中島康晴**（なかしま・やすはる）

1973年10月6日生まれ。花園大学では、八木晃介先生の下、社会学を中心に社会福祉学を学ぶ。巷で言われる「常識」「普通」に対しては、いつも猜疑心をもって捉えている。1億2千万人の客観性など存在し得ない事実を鑑みると、「普通」や「常識」は誰にとってのそれであるのか、常に思いを巡らせておく必要がある。いわゆる排除される側から常に社会を捉え、社会の変化を促していくことが、実は誰もが自分らしく暮らしていける社会の構築に繋がると信じている。

主な職歴は、デイサービスセンター生活相談員、老人保健施設介護職リーダー、デイサービスセンター・グループホーム管理者。社会福祉専門職がまちづくりに関与していく実践を切要に感じ、2006年2月20日、特定非営利活動法人地域の絆を設立（代表理事）。学生時代に参加した市民運動「市民の絆」の名前を端緒として命名。2018年9月5日には社会福祉法人地域の空を設立し理事長に就任。2021年1月14日に株式の譲り受け後、株式会社地域の家の代表取締役となる。2021年2月20日からは、3つの法人を総称してREGIONOグループとし代表者の任に当たる。

資格
　■博士（教育学）東北大学大学院教育学研究科■認定社会福祉士／■介護福祉士／■精神保健福祉士／■介護支援専門員

役職
　■公益社団法人広島県社会福祉士会会長（2011年度〜2014年度）／■公益社団法人広島県社会福祉士会相談役（2015年度〜）／■公益社団法人日本社会福祉士会理事（2015年度〜）・副会長（2017年度〜）

その他の活動
　■福山平成大学非常勤講師（『社会福祉援助技術』：2007年度〜2013年度）

著書として、『地域包括ケアの理論と実践―社会資源活用術』（単著）（2014年・日本医療企画）、『地域包括ケアから社会変革への道程【理論編】―ソーシャルワーカーによるソーシャルアクションの実践形態』（単著）（2017年・批評社）、『地域包括ケアから社会変革への道程【実践編】―ソーシャルワーカーによるソーシャルアクションの実践形態』（単著）（2017年・批評社）、『ソーシャルワーカー 「身近」を革命する人たち』（共著）（2019年・ちくま新書）がある。
E-mail：nakasima@npokizuna.or.jp

| メンタルヘルス・ライブラリー㊱ |

地域包括ケアから社会変革への道程【理論編】
―― ソーシャルワーカーによるソーシャルアクションの実践形態

2017年5月25日　初版第1刷発行
2021年5月25日　初版第2刷発行

著　者●中島康晴
制　作●字打屋
発行所●批評社
　　　　東京都文京区本郷1-28-36 鳳明ビル 〒113-0033
　　　　Phone.03-3813-6344 Fax.03-3813-8990
　　　　振替 00180-2-84363
　　　　e-mail book@hihyosya.co.jp
　　　　http://hihyosya.co.jp
印刷所●モリモト印刷㈱
製本所●鶴亀製本㈱

乱丁本・落丁本は小社宛お送り下さい。
送料小社負担にて、至急お取り替えいたします。

ISBN978-4-8265-0662-5 C0036
ⓒ Nakashima Yasuharu
2017　Printed in Japan

JPCA
日本出版著作権協会
http://www.e-jpca.com/

本書は日本出版著作権協会（JPCA）が委託管理する著作物です。複写（コピー）・複製、その他著作物の利用については、事前に日本出版著作権協会（電話03-3812-9424、e-mail:info@e-jpca.com）の許諾を得てください。